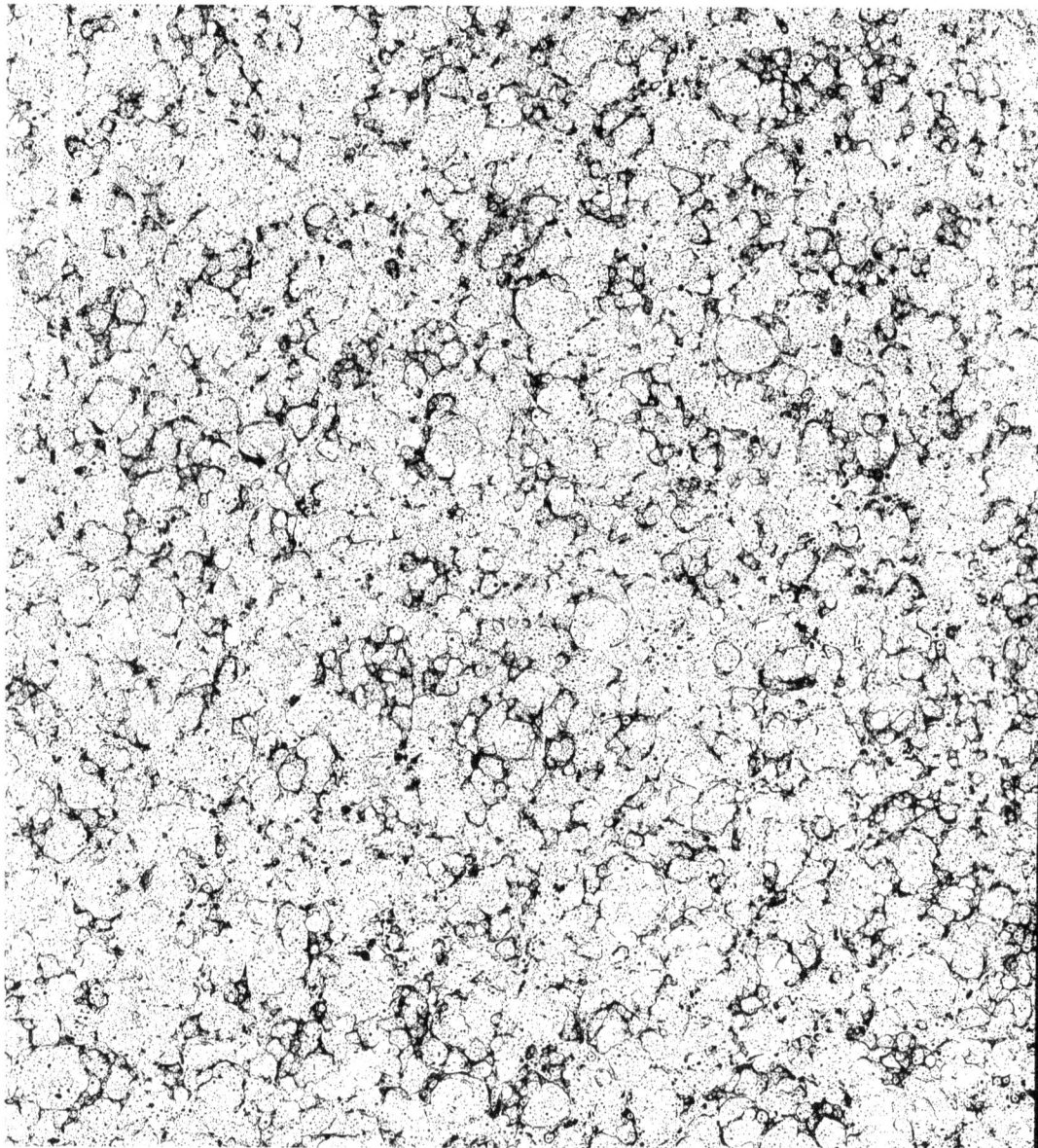

A conserver —

grand-papier —

HISTOIRE NATURELLE

DES DEUX

ELEPHANS,

MALE ET FEMELLE,

DU MUSÉUM DE PARIS.

HISTOIRE NATURELLE

DES DEUX

ELÉPHANS,

MALE ET FEMELLE,

DU MUSÉUM DE PARIS,

VENUS DE HOLLANDE EN FRANCE EN L'AN VI;

Ouvrage où l'on trouve des détails sur leur naissance; leur transport de l'Inde en
Europe ; leur arrivée à Flessingue et au parc du Grand-Loo en Hollande ; leur
voyage à Paris ; les premiers temps de leur vie à la Ménagerie du Muséum ;
l'influence de la musique sur eux; sur leurs passions, l'amour, la haine et la
vengeance.

On y voit ces Eléphans boire, prendre leur nourriture, jouir du bain, se donner les premières
caresses de l'amour, tenter l'acte de la reproduction ; on y peut observer la naissance d'un
jeune Eléphant; la manière dont il tette. Ces animaux y sont aussi représentés dans l'instant
du sommeil. Il y a quelques planches de principes pour dessiner facilement et correctement ,
différentes parties du corps de ce colossé. Le tout est représenté en vingt estampes , dont
les dessins ont été faits d'après nature , et gravés

PAR J.P. L.L. HOUEL,

*Peintre - Graveur , Naturaliste , Auteur du Voyage pittoresque de la Sicile , Lipari
et de Malte ; Ancien Pensionnaire de l'Académie de France à Rome , de la ci - devant
Académie royale de Peinture de Paris ; Membre de l'Académie des Beaux-Arts de Parme ,
de la Société d'Emulation de Rouen sa patrie , de l'Athénée des Arts de Paris, de la Société
libre des Sciences , Lettres et Arts ; Correspondant de la Société Philotechnique , et l'un des
Fondateurs de l'Athénée de Paris.*

PREMIÈRE LIVRAISON,

A PARIS,

Chez
{
L'AUTEUR , Hôtel d'Angeviller, Rue de l'Oratoire ;
POUGENS , Imprimeur-Libraire, Quai Voltaire , n.° 10 ;
TREUTTEL et WURTZ , Quai Voltaire , n.° 2 ;
M.me HUZARD , Libraire, Rue de l'Eperon St.-André-des-Arcs ;
LAMY , Libraire, rue du Hurepoix;
LES MARCHANDS DE NOUVEAUTÉS , au Palais du Tribunat.
}

AN XII. —— 1803.

Cet Ouvrage sera suivi de l'Histoire d'un Eléphant savant, né au Bengale, que l'instruction distingue très-avantageusement de tous les Eléphans connus dans l'Histoire, dont les talens exercés offrent des tableaux très-nouveaux, très-curieux, représentés dans douze estampes qui feront suite à cet Ouvrage.

AU

CONSEILLER D'ÉTAT

FOURCROY,

MEMBRE DE L'INSTITUT NATIONAL,

DIRECTEUR DE L'INSTRUCTION PUBLIQUE.

EN TÉMOIGNAGE

De respect pour le magistrat intègre,
De vénération pour le savant illustre,
D'inaltérable attachement pour l'ancien ami.

Par l'Auteur HOUEL,
De l'ancienne Académie de Peinture, etc.

Pl. 1.

Le Tems nous fait voir enfin les Éléphants de différents Sexes.
il nous apprend aussi, qu'ils se couchent de diverses manières
et qu'ils se relèvent avec facilité.

EXPLICATION

DU

FRONTISPICE.

LES anciens ont représenté le Temps sous l'allégorie d'un vieillard, ayant une barbe longue, des ailes aux épaules, tenant d'une main une faulx et un sablier de l'autre.

C'est aussi sous la même figure, et avec de semblables attributs, que je le représente dans le frontispice de cet Ouvrage. Seulement je n'ai point disposé ces mêmes attributs suivant le mode adopté par l'usage; des raisons particulières m'ont déterminé à cette innovation; et ces raisons, je vais les faire connoître, autant pour satisfaire à la juste curiosité de mes Lecteurs, que pour donner un développement nécessaire à mon Opinion sur ce sujet.

Le Temps est, à mes yeux, l'Éternel coopérateur de la Nature; et, quoique l'idée de l'éternité embrasse le passé et l'avenir, j'ai cru devoir ne lui faire présenter ici que celle d'un présent perpétuel.

En conservant ces dehors, ces formes de vieillard que l'on donne au Temps, j'ai voulu en faire le symbole des siècles sans nombre qui se sont écoulés; symbole que l'on ne pouvoit que matérialiser, si l'on peut ainsi s'exprimer, afin qu'il fût

1

*plus facilement saisi par notre intelligence , toujours prévenue
par les sens. Mais comme le Temps ne s'affoiblit point par
l'accumulation des siècles; au caractère de la vieillesse, j'ai
eu soin d'unir celui de la vigueur.*

*Je n'ai donné à son corps que des ombres légères, parce
que, plus léger que la pensée, comme elle il s'échappe continuellement, et n'est pour nous qu'une pensée fugitive, que nous
pouvons à peine saisir.*

*. Dans cet état, il n'a plus besoin d'ailes; vapeur insensible,
il est plus léger que l'air dans lequel il passe; aussi les ai-je
suspendues près de lui ces ailes que lui donnoit l'Antiquité :
elles ne conviennent que pour exprimer l'action de sa course;
et, sans altérer l'idée de sa volatilité, je voulois le peindre
arrêté, pour ainsi dire, afin de nous faire jouir du livre qu'il
vient de créer, et qu'il dépose comme une trace de son passage,
et comme un monument de sa bienfaisance.*

*C'est par le même motif, et pour indiquer l'époque de ce
bienfait du Temps, que j'ai couché sur la terre le Sablier,
premier des instrumens inventés pour mesurer les instans dont
le Temps compose sa durée.*

*La faulx, ce symbole de la destruction de tout ce que le
Temps dévore, et dont il semble se nourrir, ne devoit point,
par la même raison, se trouver dans ses mains actives : je
l'ai fait servir à soutenir un voile que je considère comme celui
dont la Nature couvre tous ses secrets; voile mystérieux, sous
lequel ils travaillent ensemble à la confection des êtres qui
enrichissent et embellissent l'Univers, et dont ils couvrent les
débris des siècles; voile que le Temps seul lève et baisse à son*

gré. Cet embléme, ce voile levé, devoit être naturellement employé dans le Frontispice d'un écrit où je révèle des vérités que le Temps vient enfin de me confier, en me permettant de les recueillir, et qu'il avoit cachées à l'Europe jusqu'à ce jour.

Un des attributs donnés au Temps par l'ingénieuse et sage Antiquité, celui par lequel il lui a plu d'exprimer son éternité, je l'ai placé sur son front; mais, dans l'intention de développer de plus en plus le bienfait du Temps qui s'arrête pour me dicter mon Ouvrage, je me suis abstenu de conserver cet attribut, tel qu'ordinairement on le présente. Le Serpent qui se mord la queue, offre l'image d'une destruction successive, qui continuellement se répare. En formant de ce Serpent un diadéme dont j'ai couronné ma figure; j'ai fait, de sa tête et de sa queue, un nœud qui annonce que le Temps ne veut altérer en aucune manière la durée de l'Ouvrage qu'il protége.

A tous ces attributs, j'en ai joint d'autres, qui dérobent en partie le Temps à la vue, et j'aurois voulu les multiplier davantage, pour donner, autant qu'il eût été possible, l'idée de son invisibilité.

Parmi ces derniers attributs, se remarquent des burins, des pinceaux, une palette, et, dans les mains du Temps, un crayon, dont il place la pointe sur une des pages du livre où sont dessinés deux Eléphans. Comme on le voit, tout est significatif dans ces objets. La représentation des deux éléphans indique que c'est de ces animaux, trop long-temps inconnus, ou mal connus, que je dois parler dans mon Ouvrage. Ils sont représentés mâle et femelle, pour marquer que le Temps enfin a permis que la France en possédât des deux sexes, avantage qu'il lui avoit refusé jusqu'à ce moment. Si l'un des deux est couché, c'est pour faire connoître que l'erreur de ceux qui prétendoient que les éléphans ne se couchoient pas, est démentie par l'expérience.

Jusqu'à ce que nous eussions vu de ces animaux vivans, le crayon, le burin ou le pinceau, nous avoient transmis d'eux une image plus ou moins exacte; le crayon et le burin vont en présenter les formes vraies et tous les détails dans les estampes qui accompagneront mon Ouvrage; ces instrumens devoient donc se trouver près du Temps, qui nous permet d'en faire un si utile usage.

Un globe terrestre, placé derrière le Temps, qui le touche de son coude, désigne encore la connoissance des différentes parties de la Terre que le Temps nous a fait successivement découvrir, de ces lieux dont les Eléphans sont originaires, et d'où les Européens ont pu les tirer pour les transporter et placer honorablement dans leurs ménageries.

Oui, c'est au Temps que nous devons l'avantage d'avoir enfin pu étudier l'Eléphant d'après nature, d'avoir pu mesurer et dessiner les formes de cet étonnant quadrupède, nous assurer de ses habitudes, de ses passions, de ses mœurs, et le surprendre même au sein des plaisirs de l'amour? C'est lui qui, soulevant chaque jour à mes yeux patiens quelques parties du voile qu'il avoit, trop long-temps pour nous, étendu sur ces êtres intéressans, m'a permis de recueillir une foule d'observations propres à attester leur intelligence, et à baser solidement leur histoire.

DISCOURS PRÉLIMINAIRE.

Considérations générales sur les premières notions que nous avons eues des Éléphans.

Des siècles se sont écoulés avant que le Midi de l'Europe eût la moindre connoissance de l'existence des Eléphans; aucune notion sur ces intéressans animaux, ne s'étoit échappée des pays dont ils sont originaires; et du moment où l'on est parvenu à avoir, sur ces quadrupèdes extraordinaires, des données à-peu-près certaines, il a fallu encore compter bien des années avant que, du Midi, ces notions aient passé jusqu'au Nord; ce n'est que d'hier, pour ainsi dire, que la réalité de leur existence nous est constatée, par la présence même de ces énormes enfans de la Nature.

On seroit tenté de croire que le Temps ne nous trouvoit pas dignes de cette faveur, avant le beau siècle de Louis XIV, et qu'il attendoit que nous eussions fait de plus grands progrès encore dans les sciences pour la completter.

En effet, ce n'est qu'insensiblement qu'il nous a d'abord fait connoître ce que les anciens avoient appris et consigné dans leurs écrits sur les Eléphans. Il l'a fait voir, dans leurs Ouvrages, à l'œil de l'homme capable de les lire; et c'est par son organe, qu'il l'a transmis lentement au vulgaire, faisant ainsi précéder, par de simples notions historiques, la vue de l'objet qu'il se réservoit de nous montrer un jour.

2

D I S C O U R S

Les Grecs, au temps d'Homère, n'avoient point connoissance de ces colosses vivans : le silence du prince des poètes
sur leur existence en est une preuve certaine; et, dans les
combats que peignent ses vers immortels, il eût eu soin de
décrire leurs masses imposantes, et de faire valoir leurs utiles
secours, s'il eût su qu'ils existassent; que leur intelligence
secondât si puissamment les guerriers qui les introduisoient
dans leurs armées, et que le lieu où son héros combattoit fît
partie de ce continent même (1) où ils prennent naissance. Il
faut redescendre jusqu'à *Aristote*, pour apprendre ce que les
Grecs savoient sur ces animaux. Selon toute apparence, ils ne
commencèrent à les connoître qu'à l'époque des premières
guerres qu'ils eurent à soutenir contre *Xerxès*, roi de Perse,
et ils n'en eurent des notions plus étendues, qu'après les con-
quêtes qu'ils firent sous la conduite d'Alexandre.

Les Romains, qui ne les ont connus que postérieurement aux
Grecs, n'en virent, suivant *Pline* (2), qu'après la défaite de
Pyrrhus; et, sur ce point, il s'accorde avec *Sénèque* (3), qui
en fait paroître au triomphe de son vainqueur *Marcus Annius
Curius Dentatus*. On en vit, pour la première fois (4), d'attelés
à un char, quand, après avoir soumis l'Afrique, Pompée obtint

---

(1) Les éléphans se trouvent en Asie et en Afrique, et l'on sait que le royaume de *Priam*
étoit un des plus florissans de l'Asie.

(2) Elephantos Italia vidit primùm Pyrrhi regis bello. Et boves-lucas appellavit in Lucanis
visos, anno urbis quadringentesimo septuagesimo secundo. *Plin. Hist. nat.*, *lib. VIII*,
cap. VI.

(3) Seneca lib. de Brevitate vitæ; *cap. XIII.*

(4) Romæ juncti primùm subiere currum Pompeii magni Africano triumpho : quod priùs
Indiâ victâ triumphante Libero patre memoratur. *Plin.*, *Hist. nat.*, *lib. VIII, cap. II.*

les honneurs du triomphe, et rappela, par cette circonstance, celui de Bacchus, vainqueur des Indes.

Lors de la renaissance des Lettres en France, nous reçûmes les notions que les Grecs et les Romains en avoient consignées dans leurs écrits; et des traductions faites à cette époque, les répandirent davantage.

Un événement mémorable contribua à nous faciliter les moyens d'en acquérir de plus parfaites : les Portugais s'ouvrirent, sur l'Océan, une route jusqu'aux Grandes-Indes; ils pénétrèrent dans l'intérieur de l'Afrique, et, bientôt éclairées par le même flambeau qui les avoit guidées, les diverses nations de l'Europe allèrent partager les découvertes qu'offroient à la science ces nouveaux climats. Leurs voyageurs, de retour sur leur sol natal, y répandirent les observations qu'ils avoient recueillies sur l'histoire des Eléphans; mais elles étoient bien éloignées d'être suffisantes encore; peu d'entr'eux possédoient le talent rare de bien voir, celui plus rare encore de communiquer ce que l'on a vu. Puis, ils avoient été presque tous distraits, dans leurs observations, par le commerce auquel ils se livroient, par les travaux des missions qu'ils pouvoient avoir à remplir, ou par les soins que la fortune leur conseilloit de prendre.

On commença néanmoins à mieux connoître ce colosse étranger : on fit même servir, à en multiplier l'image, les tailles grossières des planches en bois, que l'art de la gravure, trop jeune encore, ne pouvoit offrir qu'imparfaites. On sentoit combien la figure de l'objet dont on parle, contribue efficacement à en donner l'idée. Ces images satisfaisoient; l'ignorance qui admire est toujours indulgente pour l'ignorance qui produit : ce sont deux enfans qui se caressent sans se connoître, simplement à cause du plaisir de se rencontrer pour la première fois ; l'un cherche à plaire, l'autre se plaît et aime à admirer ce qui lui paroît nouveau.

Insensiblement les connoissances sur l'Eléphant s'agrandirent, et d'un autre côté, l'art qui se perfectionnoit en répandoit des portraits plus vrais et plus soignés ; mais tous ces moyens de connoître les Eléphans, n'offroient que des motifs pour désirer de les connoître mieux encore. On n'aime pas à ne croire que sur parole ; on préfère toujours de voir et de toucher s'il est possible.

Enfin le moment vint où les Français purent considérer, examiner, admirer le plus grand des quadrupèdes ; et, sans intermédiaire, interroger en lui la Nature. Le roi de Portugal, en 1668, fit présent d'un Eléphant à Louis XIV. Ce don de la munificence royale devint l'objet de la curiosité de tous, et de l'étude des naturalistes. Vers la même époque, l'intérêt de quelques jongleurs en fit conduire un autre à Paris, où le peuple eut la facilité de le voir. Le premier étoit né dans le royaume de Congo en Afrique ; le second avoit été tiré des Indes. Ils différoient d'âge et de grandeur (1), et offroient encore d'autres variétés (2).

_____

(1) L'éléphant du Congo étoit âgé d'environ quatre ans ; il avoit, à son arrivée en France, sept pieds et demi de hauteur, à prendre du haut du dos jusqu'à terre ; il acquit un pied de plus pendant les treize ans qu'il demeura à Versailles.

L'éléphant des Indes n'avoit que trois ans, et n'étoit haut que de cinq pieds. Cette différence a fait conjecturer qu'il auroit fallu que, dans l'espace d'un an, ce dernier éléphant

Des

Des variétés dans les Éléphans.

LEURS ressemblances générales, jointes au peu de facilité qu'il y a de réunir et de comparer des Eléphans de divers climats, avoit fait méconnoître, jusqu'à ces dernières années, les différences de leurs espèces. On sait aujourd'hui qu'il y en a au moins deux très-distinctes, savoir : celle des côtes occidentales et méridionales de l'Afrique, et celle des Indes orientales. Non-seulement leur forme diffère, leur instinct n'est pas égal; et les anciens ne l'ont pas ignoré. *Appianus*, (*de Bellis Syr. lib. I*), dit que Domitius, dans un combat, plaça les Eléphans d'Afrique après tous les autres, ne croyant pas qu'ils pussent lui être utiles, attendu qu'étant d'Afrique, ils étoient plus petits et moins courageux. Pline affirme aussi, en général, que les africains sont plus petits, et qu'ils redoutent ceux des Indes. Diodore, liv. II, dit la même chose des Eléphans d'Afrique, comparés à ceux que possédoient les

---

grandît de deux pieds et demi, ou 8 décimètres un centimètre, pour avoir, à l'âge de quatre ans, la hauteur de celui du Congo au même âge. Cependant, comme celui-ci a mis treize ans pour grandir d'un pied, 32 décimètres et 5 dixièmes, il est à supposer, ou que le changement de climat et de nourriture l'a empêché de croître, ou que les éléphans des Indes croissent plus promptement que ceux d'Afrique; de même qu'il estavéré que les premiers deviennent ordinairement beaucoup plus grands.

(2) L'éléphant du Congo avoit des oreilles d'un mètre ou 3 pieds de proportion; l'autre, quoiqu'il en eût de plus grandes que celles d'aucun autre quadrupède connu, n'avoit pas les siennes d'une si étonnante dimension. Le premier avoit des poils ou des soies sur quelques parties du corps, aux yeux, par exemple, dont la paupière en présentoit d'une étonnante longueur, et à la queue, que terminoit une houpe de ces poils très-gros et longs d'un décim. ou quatre pouces. Le second en avoit en plus d'endroits que l'africain; savoir : derrière la tête, dans le trou des oreilles, en-dedans des cuisses et des jambes, et de très-courts sur toutes les parties cachées du corps.

Egyptiens, et qu'ils tiroient sans doute de l'Abyssinie et du reste de la côte orientale ; il y a lieu de croire qu'on ne trouve que l'espèce connue aux Indes ; car Ludolphe dit expressément, qu'en Abyssinie, les femelles n'ont point de défenses. Quoi qu'il en soit, cette espèce d'Eléphans des Indes a la tête longue, le front plat et même concave : celle des Eléphans d'Afrique a la tête ronde et le front convexe. Les oreilles de la première sont de grandeur médiocre, et celles de la seconde sont si énormes, qu'elles couvrent toute l'épaule ; mais ce qui distingue le mieux ces deux espèces, c'est que les molaires des Eléphans d'Afrique ont les coupes des plaques, ou dents partielles qui les composent, en forme de losanges. *Voyez* figures 8 et 9, pl. VII, et que celles de l'Éléphant des Indes les ont en forme de rubans ondoyans ou festonnés. *Voyez* figures 6 et 7. Les défenses des Éléphans d'Afrique croissent aussi beaucoup plus vite, et arrivent à une grandeur bien plus considérable que celles des Éléphans des Indes, et sont à-peu-près égales dans les deux sexes, tandis que chez les femelles des Indes, elles ne parviennent jamais qu'à quelques pouces de longueur. L'ivoire que procurent les défenses des Eléphans d'Afrique est fin, plus dur et moins sujet à jaunir que celui que donnent ceux des Indes ; et presque tout celui du commerce vient du premier de ces pays. Il paroît que les Éléphans diffèrent aussi les uns des autres par le nombre des ongles ; mais il n'est pas certain que cela tienne aux espèces, et que ce ne soit point une variété accidentelle.

Pendant treize ans que vécut à la ménagerie de Versailles l'Éléphant du Congo, chaque jour il recevoit les visites intéressées des observateurs qui, chaque jour, venoient étudier ses mœurs, dessiner ses formes, mesurer ses dimensions, et chercher des preuves de cette intelligence que les anciens écrivains s'étoient plu à célébrer (1). Ce fut dans ces visites assidues, que l'on prit les notes intéressantes que *Perrault* a réunies dans ses Mémoires pour servir à l'Histoire naturelle des animaux (2), où l'on peut trouver décrites toutes ses parties, ainsi que ses habitudes; où sont recueillis quelques traits de malice qui ne permettent point de douter de son intelligence, et des faits qui attestent son adresse ou sa force. On y voit cet animal, imposant par sa masse, qui offroit une dimension de 2 mètres 79 centim. ou 8 pieds et demi de longueur, sur 2 mètres 48 centim. ou sept pieds et demi de hauteur, et environ 4 mètres ou douze pieds et demi de tour, se coucher et se relever facilement pendant huit années successives, puis ne plus se coucher, pas même pour dormir; ou si la maladie ou la fatigue le forçoit à prendre cette position, avoir besoin d'une machine puissante pour être relevé. On y admire la merveilleuse souplesse de la trompe (3), l'adresse du doigt qui la termine, l'usage qu'il en

(1) On peut voir ce que dit Pline, livre VIII de son Histoire naturelle, chapitre I, sur la piété des éléphans, et chapitre V, sur leur intelligence.

(2) *Voyez* les Mémoires pour servir à l'Histoire naturelle des animaux, dressés par *Perrault*, troisième partie.

(3) Sa trompe avoit (cinq pieds trois pouces) un mètre 73 centimètres de long; à sa racine, neuf pouces de diamètre, et trois vers son extrémité : elle n'alloit pas en diminuant à proportion égale, mais elle s'étrécissoit vers le commencement, et conservoit ensuite une même grosseur jusqu'au bout...... Les savans qui ont disséqué cet animal après sa mort, sont convenus, à l'unanimité, qu'il n'étoit pas possible que ce ne fût pas avec sa trompe que l'Éléphant tétât sa mère. Les Anciens, qui ont écrit sur cet animal, prétendent que, dans son plus bas âge, cette partie de la tête jouit de la même dextérité, de la même souplesse que dans un âge plus avancé.

fait pour se nourrir, pour prendre ce qu'on lui présente, ou pour se débarrasser de ce qui le gêne (1). On y trouve consigné le trait de vengeance qu'il exerça contre un homme qui s'étoit amusé à le tromper, en feignant de lui jeter à manger, et ne lui en jetant point, et qui, à l'égard de celui qui faillit en être la victime, fut plus dangereux que l'abondante aspersion dont il paya l'importune curiosité d'un peintre, qui, pour étudier le dessous de sa trompe et l'ouverture de sa bouche, avoit eu recours à une tromperie du même genre. Le premier, frappé par la trompe de l'animal, fut renversé par terre, foulé sous ses pieds, eut deux côtes cassées, et infailliblement eût péri, si les coups de défenses que l'Éléphant en colère dirigeoit sur son corps, ne se fussent portés heureusement sur la terre, aux deux côtés de la cuisse, qui n'en fut pas blessée (2); le second en fut quitte pour avoir la tête bien lavée, et le dessin qu'il faisoit, perdu (3),

(1) L'Éléphant du Congo, ainsi que tous les autres Éléphans que l'on a vus depuis, prenoit, dans la main même des enfans, ce qu'ils lui présentoient ; à l'aide du doigt qui termine la trompe, il se débarrassoit avec facilité de la double courroie de cuir avec laquelle on attachoit ses jambes, et détachoit la boucle qui l'arrêtoit. Une fois même, qu'on avoit entortillé cette boucle avec une petite corde dont on avoit multiplié les nœuds, il les dénoua tous, sans en rompre aucun. Une certaine nuit, après s'être ainsi débarrassé de sa courroie, il brisa la porte de sa loge si adroitement, que son conducteur, qui dormoit auprès, n'en fut point éveillé; il passa dans plusieurs cours de la ménagerie, brisant ou renversant ce qui s'opposoit à son passage, et alla visiter les autres animaux, qui, effrayés de son énorme figure, inconnue pour eux, se sauvèrent dans les endroits les plus reculés du parc de Versailles.

(2) Dans une autre circonstance, et pour le même motif, cet Éléphant écrasa un homme en le serrant contre la muraille.

(3) Un peintre vouloit un jour dessiner cet Éléphant dans une attitude extraordinaire, qui exigeoit qu'il eût la trompe élevée et la bouche ouverte. Pour le faire tenir dans cette *pose*, le domestique du peintre lui jetoit des fruits qu'il recevoit dans sa bouche ; souvent il feignoit d'en

Dans

Dans les Mémoires de *Perrault*, on trouve encore des détails sur la nature et la dimension des défenses dont sa tête étoit armée (1); sur la quantité et le genre de nourriture qu'on lui donnoit (2); sur le soin qu'il exigeoit pendant les hivers, pour être à l'abri du froid (3), et sur les accidens qu'éprouvoit sa peau, sujette à se gercer et à se fendre, ainsi que sur les

---

jeter; l'animal se disposoit à les recevoir, mais il étoit trompé. Indigné de cette ruse, l'Eléphant ne se trompa point dans l'objet de sa vengeance; ce n'étoit point pour lui que le domestique officieux employoit cette supercherie; le peintre, qu'il voyoit s'occuper de lui, pouvoit seul en avoir donné l'ordre : ce fut le peintre aussi qui en subit la peine. Au moment où il alloit jouir de son travail, l'Eléphant dirigea sur lui sa trompe, et en fit sortir une étonnante quantité d'eau, qui inonda l'artiste et son ouvrage.

(1) Les défenses de cet Eléphant étoient longues de (deux pieds) 65 centimètres, et avoient (quatre pouces) 11 centimètres de diamètre à leur racine; elles n'étoient point autant recourbées que celles que l'on apporte des Indes, et elles sortoient de la mâchoire supérieure. Ces défenses, que portoit cet Eléphant, qui étoit *femelle*, et qu'il n'a point quittées pendant les treize années qu'il a passées à la ménagerie de Versailles; ont prouvé combien étoient peu fondées les assertions de quelques écrivains qui avoient prétendu que la plupart des femelles n'en avoient point, et qu'elles étoient très-courtes dans les autres; qu'elles sortoient de la mâchoire inférieure, et tomboient chaque année. Quelques auteurs ont dit que les défenses étoient des dents; d'autres les regardent comme des cornes; en effet, leur substance, qui est l'IVOIRE, s'amollit au feu; ce qui n'arrive pas à celle des dents, et l'os duquel sortent ces défenses, est distinct et séparé de celui duquel sortent les dents.

(2) Sa nourriture journalière consistoit en 80 livres de pain, 12 pintes de vin et deux seaux de potage, où il entroit quatre à cinq livres de pain. De deux jours l'un, au lieu de potage au pain, on lui donnoit deux seaux de biscuits à l'eau. Il avoit encore chaque jour, sans ce que pouvoient lui donner les curieux qui le visitoient, une gerbe de bled pour s'amuser; car, après avoir mangé le grain des épis, il faisoit, avec la paille, des émouchoirs, dont il prenoit plaisir à s'éventer le corps; puis il la rompoit avec sa trompe par petits morceaux. En outre, comme on le menoit promener dans la belle saison, il mangeoit beaucoup d'herbe qu'il arrachoit avec sa trompe.

(3) Pendant l'hiver, sa loge étoit bien calfeutrée, parfaitement vitrée, et on y entretenoit, nuit et jour, un feu de cheminée.

4

moyens qu'il employoit pour y remédier (1); enfin, ce qui paroît surprenant dans un animal aussi fort et aussi intelligent que l'Éléphant, on l'y voit plein d'aversion pour de simples pourceaux qu'il semble redouter, et fuir au cri qu'un petit cochon fit entendre.

Mais la vue d'un seul Eléphant ne pouvoit pas procurer toutes les observations désirables, et fournir des bases suffisantes à l'histoire de ce genre de quadrupède.

Un siècle après, M. *Chevalier*, alors gouverneur dans l'Inde, fit hommage à Louis XV d'un autre de ces animaux qu'il embarqua à Chandernagor, d'où il vint à l'Orient, et de l'Orient à la ménagerie de Versailles, sous la surveillance d'un nègre qui lui servit de conducteur (2).

Jusqu'à sa mort, effet malheureux d'un accident funeste (3), et pendant les neuf années qu'il passa dans cet asile royal, il ne fut pas moins visité que son prédécesseur; mais si toutes

---

(1) Sa peau étoit sujette à se gercer et à se fendre; aussi, pour éviter les piqûres que les mouches venoient lui faire dans les cavités sensibles des gerçures, non-seulement il armoit sa trompe d'un petit faisceau de paille, afin de les chasser, ce qui lui arrivoit souvent; mais il avoit soin d'y remédier plus directement, en se couvrant avec de la poussière, qui formoit une croûte, et fermoit l'entrée des crevasses à ces insectes malfaisans. Cette croûte, il la renouveloit par le moyen des bains qui l'en débarrassoient, et il en formoit une nouvelle, en se roulant dans la poussière au sortir de l'eau, et en soufflant, avec sa trompe, sur les endroits qui ne s'en étoient pas suffisamment chargés.

(2) Ce nouvel Eléphant fit à pied toute la route de l'Orient à la ménagerie de Versailles, où il entra le 19 août 1773. Il étoit âgé de deux ans quatre mois. Sa hauteur étoit de 1 mètre 86 centimètres, ou 5 pieds sur 7 de longueur.

(3) La nuit du 24 au 25 septembre 1782, n'étant encore que dans sa douzième année, ayant rompu ses chaînes et brisé la porte de sa loge, il en sortit, et se jeta dans une pièce d'eau contiguë, qui étoit remplie d'une vase infecte dont l'odeur le suffoqua, et d'où il ne put être retiré qu'au matin avec beaucoup de peine.

les observations qui furent faites sur lui purent contribuer à confirmer celles qui avoient été recueillies précédemment sur la dextérité de la trompe (1), sur la dureté calleuse de sa peau (2), et sur l'intelligence de ces animaux; si même le second avoit paru développer, dans certaines circonstances, soit des goûts (3), soit quelques passions (4), soit même quelques sentimens ou qualités personnelles (5). Comme ce n'étoit encore qu'une femelle, on n'avoit rien pu recueillir sur les différences que la variété des sexes pouvoit occasionner dans la structure de ces animaux, ni sur leurs amours, ni sur leurs caresses mutuelles, ni sur cette discrétion qu'ils passoient pour mettre dans leurs plaisirs.

---

(1) On peut donner, comme une preuve de son adresse à se servir de sa trompe, la facilité avec laquelle il débouchoit une bouteille de vin, pour peu que le bouchon offrit de prise au-dessus du goulleau de la bouteille. Toutes les fois que le conducteur lui vouloit donner du vin, il se procuroit ce plaisir, et versoit ensuite la liqueur dans sa trompe, avec laquelle l'animal la portoit à la bouche. Il en paroissoit curieux, ainsi que de l'eau-de-vie.

(2) On étoit obligé de graisser cet Eléphant, tous les trois à quatre jours, avec de l'huile de poisson, pour remédier au gercement de sa peau, qui auroit pu se crevasser sans cette espèce de toilette qu'il aimoit extrêmement. Pendant qu'on la lui faisoit, il pompoit avec sa trompe, pour s'en régaler ensuite, tout ce qu'il pouvoit aspirer de cette huile.

(3) Il aimoit beaucoup le tabac; et souvent les personnes qui venoient le visiter, vidoient leur boîte en sa faveur. Il mangeoit avec plaisir un ragoût composé de recoupe, d'oignons, de beurre, de sel et de poivre.

(4) La joie se manifestoit, chez lui, par des cris répétés, dont le retentissement se faisoit entendre au loin, chaque fois qu'on le faisoit sortir de sa loge...... D'autres cris manifes-toient son impatience quand il éprouvoit quelques retards dans ses repas; et ils ne lui étoient pas plutôt servis, qu'il en témoignoit, par des caresses, sa reconnoissance à son pourvoyeur.

(5) La douceur, la tranquillité, la docilité, étoient ses qualités principales. Il n'y a pas eu d'exemple qu'il ait fait de mal à personne. Il caressoit, avec sa trompe, ceux qui, en venant le visiter, lui apportoient des feuillages. Il suivoit sans difficulté son conducteur, et obéissoit à sa voix.

Enfin le temps completta ses faveurs, et deux Eléphans, l'un mâle, l'autre femelle, originaires de l'île de Ceylan, d'où ils étoient sortis très-jeunes, après avoir habité, pendant quinze années à-peu-près, la Hollande, où la victoire les remit à nos braves défenseurs, vinrent offrir, au Muséum d'Histoire naturelle de Paris (1), de nouveaux sujets d'observations et d'étude.

C'est-là, c'est d'après eux que je me suis assuré, non-seulement de la sévère exactitude des formes extérieures, mais, si je peux le dire, de leurs mœurs, de leurs penchans et de leurs goûts. Je les ai vus susceptibles de nos sentimens, de nos passions, passant de la tristesse à la joie, du contentement à la peine, de la tranquillité à la colère, accessibles à la haine comme à l'amitié; capables de vengeance et de magnanimité; je les ai vus animés des plus brûlans transports de l'amour, se prodiguant les preuves les plus actives de leur tendresse; et c'est vraisemblablement ce genre de découvertes et leur multiplicité, qui enflammèrent mon imagination, et produisirent en moi cet enthousiasme générateur qui m'a fait enfanter l'Ouvrage que j'offre à mes contemporains. Vingt estampes que j'ai gravées sur mes dessins, retraceront ces animaux intéressans suivant les aspects diversifiés sous lesquels je les ai considérés; dans les attitudes variées que je leur ai vu prendre, et toujours exprimant une action que je leur ai vu faire. Ces

---

(1) Le 9 frimaire an VI, le Muséum d'Histoire naturelle reçut ces nouveaux hôtes. On verra l'histoire de leur voyage dans la première partie de cet Ouvrage.

estampes,

estampes, unies aux explications que j'ai développées, forment tout l'Ouvrage. Puisse-t-il, ce fruit de mes veilles et de mes assidues observations (1), rectifier les erreurs des écrivains qui m'ont précédé, opposer l'expérience à leur théorie, et donner du plus grand, du plus intelligent des quadrupèdes, l'idée vraie que la vue et la considération de la nature peuvent seules faire naître.

Puisse encore le résultat heureux de mes constantes observations, inspirer à d'autres amis de la nature, le désir d'obtenir de cette mère de tous les êtres, la connoissance parfaite de quelques-uns de ceux que le temps, de concert avec elle, a rassemblés dans ce *Muséum*, que la nation lui a consacré pour son temple !

Que de sujets ils trouveront propres à exciter leurs recherches, à provoquer leur méditation, à échauffer leur enthousiasme ! Mais qu'ils n'oublient point que, sagement discrète, la nature ne dévoile ses mystères qu'à ses amans assidus et fidèles, et qu'elle ne les leur révèle, pour ainsi dire, que lorsqu'ils parviennent à les lui surprendre ! Qu'ils ne craignent point avec elle les importunités ; elle les aime, et souvent elles ont triomphé de sa résistance. Elle se plaît à être interrogée fréquemment ;

---

(1) J'ai passé huit semaines près d'eux pour les observer plus sûrement, et pour ne rien laisser échapper de ce qu'ils pourroient offrir à mes observations. J'ai plusieurs fois couché dans leur demeure, pour m'assurer de leur manière de dormir, pour constater si réellement ils se couchoient ou non, et s'ils se couchoient, comment ils pouvoient se relever. C'est pendant ce séjour près de ces animaux, que, toujours armé du crayon, je saisissois leurs moindres mouvemens, et que la nuit même, secondé par la lune qui daignoit me prêter son flambeau, je les traçois dans ces positions intéressantes que mon burin a fixées ; et cette assiduité constante a pu seule me procurer le complément de ce qui devoit former leur histoire.

et c'est dans des communications familières et amicales, qu'on l'amène à ces épanchemens, francs et précieux, dont il est si intéressant d'être l'heureux témoin. Qu'ils ne négligent point de prolonger jusqu'au sein de la nuit les études du jour, et qu'ils soulèvent hardiment le voile des ténèbres dont cette sombre déité couvre tout ce qui respire, pour ne rien ignorer des mœurs des animaux qu'ils voudroient connoître. La nuit souvent est la confidente des secrets de la nature; et, pour soutenir leur zèle au milieu de leurs longs et pénibles travaux, qu'ils contemplent les douces et honorables récompenses qui les attendent; cette satisfaction intérieure de leurs propres découvertes, et le plaisir de les communiquer; l'avantage d'étendre le domaine de la science et de devenir les hérauts de la nature, choisis par elle pour publier ses merveilles; enfin l'immortalité de leurs noms qui s'appuiera sur celle même de la divinité dont ils auront célébré la puissance, annoncé les prodiges, et multiplié les autels!

HISTOIRE NATURELLE

DES

ELÉPHANS VIVANS

DE LA MÉNAGERIE DU MUSÉUM DE PARIS.

PREMIÈRE PARTIE.

Jaloux de ne rien dire que de vrai sur les Eléphans dont j'entreprends l'histoire, je me bornerai d'abord à ne publier que ce que j'ai vu et observé moi-même, avec toute l'attention dont j'étois capable, au Muséum d'Histoire naturelle, à l'égard des deux Eléphans que la conquête de la Hollande nous a procurés; j'espère publier un jour un Supplément à cet Ouvrage, où je compléterai l'histoire générale de cet étonnant quadrupède, par une suite d'observations choisies dans les auteurs les plus véridiques; mais comme il est dans notre nature de vouloir connoître jusqu'aux particularités de la naissance et des premières années des individus qui nous intéressent, ainsi que les circonstances qui nous en ont procuré l'agréable possession, je commencerai par raconter, d'après le témoignage de leurs conducteurs, ou cornacks, qui ne les ont point quittés depuis que ces animaux ont été amenés en Hollande, ce qu'ils en ont vu eux-mêmes, jusqu'au moment où ils entrèrent avec eux dans la ménagerie du Jardin des Plantes à Paris, et j'en avertirai lorsque quelque convenance me forcera à dire des choses que je tiendrai de la tradition, et je citerai mes auteurs.

Ces éléphans n'avoient qu'un an, lorsqu'ils furent enlevés à leurs mères dans les forêts de Ceylan, île de l'Océan indien, dans laquelle se trouve l'espèce d'Éléphans reconnue pour être le plus susceptible d'éducation; la compagnie hollandaise des Indes en avoit fait présent au stathouder. Avant de leur faire quitter leur sol natal, on les y soignit isolément, afin de les accoutumer à être nourris dans la société et de la main des hommes. Dès qu'ils furent jugés en état d'être transportés en Europe, on les embarqua, et ils abordèrent, en l'an 1784, au port de Flessingues en Hollande, sous la conduite du capitaine *Brom*.

Aussitôt après leur débarquement, ils furent transférés et logés dans une maison de plaisance du *stathouder*, appelée le Petit *Loo*, et distante de la Haye d'un kilomètre.

Ce fut alors que, pour les appeler et les distinguer, on donna au mâle le nom de *Hans*, et celui de *Marguerite* à la femelle. Nos deux Éléphans s'accoutumèrent à ces noms, auxquels ils répondoient à leur manière, chaque fois qu'on les leur adressoit.

On leur faisoit quitter fort souvent leur domicile habituel, pour les conduire à la Haye, où ils servoient d'amusement à la cour du stathouder, et où ils étoient exposés à la vue, et présentés à l'admiration des habitans de cette capitale de la Hollande.

Ils n'offroient encore rien de redoutable. Ils étoient dans leur enfance, et ils en avoient tous les agrémens; la nouveauté de leur figure attiroit les regards, et ils plaisoient par leurs jeux enfantins; c'étoit à qui les posséderoit : par-tout où se donnoit des fêtes, ils étoient invités et toujours accueillis avec plaisir; ils faisoient les délices de la cour et de la ville. On leur laissoit librement parcourir les jardins : on leur donnoit même l'entrée des salons; ils montoient et descendoient

avec

avec facilité les escaliers. Ils traversoient les appartemens, et l'heure de la table étoit celle où on les voyoit avec d'autant plus d'intérêt, qu'on leur fournissoit les moyens de montrer toute la dextérité de leur trompe, en leur donnant des fruits (1), différentes espèces de friandises, et en leur faisant boire du vin ou même des liqueurs (2).

Pendant tout le temps qu'ils furent *en faveur*, on n'eut rien à leur reprocher qui pût attirer leur disgrace ; ce n'étoit entr'eux, et les personnes qui les faisoient venir, qu'un échange de caresses, de complaisances, de plaisirs.

Ils voyoient se réaliser, pour ainsi dire, à leur égard, ce bonheur de l'âge d'or, tant vanté par les poètes ; mais ils n'étoient point à l'abri des caprices de la fortune ; elle leur fit éprouver ses revers, et bientôt ils eurent une destinée commune à tous les favoris des cours. Ils avoient à peine passé un an près du *stathouder*, qu'ils furent exilés au *grand Loo*, à 25 lieues de distance de la Haye. Le *maître* décida qu'ils seroient établis, d'une manière permanente, à la ménagerie de cette maison de chasse.

Ils y furent conduits et bientôt confondus avec les autres animaux que renfermoit cette enceinte, et qui formoient un des appanages fastueux de la domination. La monotonie de leur esclavage n'étoit plus interrompue que par quelques courtes visites du stathouder, ou du public qu'on n'y admettoit que rarement. Il étoit écrit au livre du destin qu'ils y passeroient quatorze années, avant qu'un événement, rare dans la série des siècles, les fît voyager de nouveau, pour aborder ensuite sur une terre nouvelle.

Peu-à-peu leur servitude acquit un caractère plus positif. Les caresses diminuèrent, puis disparurent presqu'entièrement ; ils ne

---

(1) Ces animaux ne mangent jamais de viande.

(2) Je leur ai vu boire du vin à Paris, et leur cornac m'a assuré qu'ils buvoient de même, avec plaisir, de l'eau-de-vie, de l'arrach et des liqueurs fortes.

recevoient plus que celles des personnes dont le sort étoit attaché au leur ; et la portion congrue qu'on leur distribuoit chaque jour, n'étoit plus variée, que parce que leur cornac retranchoit quelquefois de la sienne.

En janvier 1788, ce premier et constant ami leur fut enlevé par la mort, et le mois suivant, le cit. *Tomson*, le même qui les soigne à Paris, fut nommé pour en avoir soin au *Grand Loo*.

A cette époque, ils avoient environ sept ans ; leur hauteur, depuis le garot jusqu'à terre, étoit d'un mètre 25 centimètres (4 pieds) ; ils n'avoient point encore de défenses ; elles n'ont commencé à se montrer, dans la femelle comme dans le mâle, qu'en 1789, et elles étoient d'environ quatorze centimètres (à-peu-près cinq pouces) quand ils quittèrent la ménagerie du *Grand Loo.*

Avant de la quitter, le sort de nos Eléphans faillit devenir funeste. La défense de la liberté nous faisoit conduire nos armées par-tout où elle trouvoit des souverains ligués contr'elle ; et la maison d'Orange n'avoit pas été la dernière à se réunir à la coalition des rois contre notre République naissante. Déjà nos troupes s'avançoient vers la Hollande, et la menaçoit d'une invasion prochaine ; la ménagerie du *Grand Loo* fut négligée et abandonnée par les Etats, qui répugnoient à continuer la dépense qu'elle exigeoit, et le gouvernement balança s'il n'immoleroit pas les Eléphans à l'intérêt de ses finances.

Mais le cit. *Tomson*, informé des dispositions du Gouvernement à l'égard des Eléphans qui lui étoient devenus chers par l'habitude de vivre avec eux, pour eux et par eux, se décida à prendre leur défense ; il offrit aux Etats de se charger du soin de leur entretien et de leur conservation, pourvu qu'on lui livrât le reste de leurs provisions alors existantes, et il se promit de ne pas leur survivre, s'il ne pouvoit leur conserver la vie par tous les moyens que ses épargnes et son industrie pourroient lui fournir.

On prévit bien dès-lors l'espoir que *Tomson* pouvoit avoir, dans le cas d'une invasion, de passer au pouvoir de la France avec ses

intéressans commensaux. On s'efforça de lui insinuer que, si telle
étoit son espérance, ce n'étoit point celle du bonheur; qu'il seroit
maltraité parmi nous, et qu'il vaudroit mieux, pour lui, abandonner
les Eléphans à leur malheureux sort, que de les suivre; mais *Tomson*
avoit voyagé en France pendant sa jeunesse; le caractère français lui
étoit connu, et toutes les insinuations furent vaines et inutiles; il
persista dans ses offres et dans son projet.

Cependant un corps de troupes anglaises passa au *Grand Loo* et y
séjourna. Les chefs de ce corps tentèrent de séduire *Tomson* par des
promesses, et de l'intimider par des menaces; mais il déclara qu'il
ne quitteroit son poste et son devoir que sur un ordre spécial du Gouvernement. L'Anglais aime la fierté dans le caractère; il respecte aussi
tout ce qui tient à la propagation des lumières et à l'instruction; et
Tomson, les *Eléphans*, leurs provisions elles-mêmes furent respectés;
plus d'une fois même, ils donnèrent à leur conducteur estimable une
escorte, afin de le protéger dans les courses que nécessitoit la mouture
du seigle dont on faisoit le pain de ces infortunés colosses.

Mais bientôt les Français arrivèrent en vainqueurs : le ciel, qui
protégeoit leur cause et leurs armes, avoit durci les eaux dont les
Hollandais s'étoient environnés, et la glace prêtoit un chemin solide
à nos cohortes triomphantes; elles s'emparèrent du pays. Notre cava-
lerie avoit besoin de fourrages; ceux qui formoient les provisions principales de *Hams* et de *Marguerite* lui eussent été bien utiles; mais
elles leur furent conservées, et nous fournîmes même le bois nécessaire au chauffage de ces animaux frileux, que l'économe de la ménagerie avoit depuis quelque temps laissé manquer; et cette conduite
de la part de nos troupes étoit d'autant plus méritoire, qu'il n'y avoit
encore rien de déterminé sur la destination future des Eléphans
et de la ménagerie du *Grand Loo,* ni par la France, ni par la
Hollande.

Il se trouve quelquefois des hommes à qui les objets rares que peut fournir la nature, n'offrent aucun intérêt, et qui ne connoissent de beau que ce qui flatte leur palais et emplit leur ventre ; le sort en plaça un de ce genre dans les environs du *Grand Loo ;* il occupoit une place qui lui donnoit le droit de requérir et de prendre ; la ménagerie devint sa basse-cour ; et souvent lui-même, le pistolet à la main, il alloit frapper impitoyablement le *Faisan* doré, la *Pintade* tigrée ou le *Canard de la Chine ;* l'oiseau dont le plumage étoit le plus brillant, excitoit ses voraces désirs.

Quoique *Tomson* regardât ses Eléphans comme une nourriture un peu trop forte pour cet estomac recherché, la dévastation de la ménagerie l'affectoit ; il avoit vu périr avec peine le mâle de la biche d'Amérique (1), qui faisoit l'admiration des naturalistes et des curieux ; et sa sollicitude le porta à en avertir enfin le général commandant, qui envoya, et des ordres pour qu'on respectât tout ce que contenoit la ménagerie, et un détachement assez fort pour les faire exécuter. Ainsi, l'on doit à la vigilance de *Tomson* ce qui restoit encore dans la ménagerie qu'il conserva, jusqu'au moment où la République française, d'après une convention faite entre les Etats de Hollande et les représentans, fût déclarée maîtresse et mise en possession des objets curieux appartenans au stathouder, et que renfermoient les bibliothèques, les cabinets de sciences, d'arts, d'histoire naturelle, et la ménagerie du Grand Loo (2).

Pour exécuter cette convention, arriva, le 16 prairial an III, le représentant du peuple Alquier, chargé de pourvoir au moyen de faire parvenir en France les habitans de la ménagerie abandonnés à la République, et notamment les Eléphans.

---

(1) Cette biche est actuellement au Muséum d'histoire naturelle de Paris.

(2) Parmi les objets de curiosités livrés à la France par cette convention, les Hollandais regrettèrent beaucoup un petit canon doré, précieusement enrichi, qu'un empereur de la Chine avoit donné aux Etats de Hollande, et un vase antique en bois, d'un travail très-admiré.

Les

Les autres animaux furent mis soigneusement dans des cages, embarqués et voiturés sans difficulté jusqu'à Paris, ou ils devancèrent de beaucoup leurs énormes commensaux.

On s'occupa néanmoins en même temps de leur départ. On pourvut aux intérêts des différens individus qui devoient les accompagner. On accorda au cit. *Tomson* des dédommagemens pour ses peines et ses soins passés; on détermina la valeur du traitement annuel qui lui seroit alloué pour surveiller et conserver à l'avenir, tant sur la route de Paris, qu'à Paris même, les seuls Eléphans dont il fut déclaré *cornac* ou gouverneur.

Leur dépense fut faite dès ce moment au nom de la France. Ce ne fut qu'au 2 messidor de l'an IV que furent terminées et les voitures et les vastes cages propres à les contenir et à les transporter. Le 5 de ce mois, on fit entrer le mâle dans celle qui lui étoit destinée; mais à peine y fut-il entré, qu'il parut affecté d'une tristesse profonde, que suivirent mille efforts tentés pour en sortir; il flairoit, regardoit de tous côtés, sondant avec sa trompe tous les coins, parcourant les surfaces, et par tous ses mouvemens et ses attitudes, décélant la peine et les inquiétudes qu'il ressentoit. Au milieu de ses tentatives, il s'aperçoit que vers la porte il s'est fait une espèce de mouvement, et qu'il a causé un ébranlement qui peut se terminer par la rupture de sa prison. Content de cette découverte, il attaque plus fortement, avec sa trompe, les parties qu'il a reconnues les plus foibles : il les agite; il les rompt; il en lance au loin, avec fracas, les débris; et le bruit qu'ils occasionne en tombant, semble lui causer un sensible plaisir. Des cris graves se font entendre; des cris aigus leur succèdent; il les modifie dans tous les tons; une attitude fière les accompagne, et tout annonce en lui l'intérieure sensation de cette satisfaction complète que donne une victoire.

A cette première sensation, paroît en succéder une autre, celle du désir de rejoindre sa compagne; aussitôt il écarte tout ce qui pouvoit encore faire obstacle à sa sortie ; les facilités qu'on lui avoit ménagées pour entrer dans sa cage, l'aident à en sortir ; son pied a sondé son plancher solide ; il marche avec confiance, et rentre en triomphateur dans sa demeure ancienne. Mettre ses lauriers aux pieds de celle qu'on aime, est un des plus doux plaisirs des vainqueurs ; témoigner à son amie, par mille caresses, la satisfaction qu'il éprouve, fut le premier soin de *Hans ;* et Parkie (1), par les caresses qu'elle rendoit, sembloit applaudir à son bonheur. Ils ignoroient, hélas! l'un et et l'autre, que leur attachement éprouveroit encore bientôt une séparation nouvelle.

En effet, quatre mois après, le 10 brumaire an V, la voiture, plus solidement réparée qu'elle n'avoit été primitivement construite, on s'occupa des moyens d'y attirer *Hans ;* mais ce ne fut que le 22 qu'il y rentra, et il fallut avoir recours à la ruse pour y réussir. Un homme ne l'eût point trompé ; il se fût méfié de lui ; mais on se servit d'un enfant ; et *Hans,* ne soupçonnant pas qu'on pût tromper à cet âge, et croyant pouvoir se prêter à des amusemens qui d'ailleurs lui procuroient une nourriture qu'il aimoit, il entra, sans s'en apercevoir, dans sa cage. La ruse de l'enfant étoit simple ; il jetoit à cet Eléphant des pommes de terre assez adroitement pour qu'elles tombassent toujours en arrière de ses pieds de devant ; et comme une de ses jambes étoit retenue par un gros collier de cuir attaché à une chaîne de fer, ce n'étoit qu'en reculant qu'il pouvoit prendre ces pommes ; la disposition et la direction de la chaîne l'eussent empêché,

---

(1) Pendant que je livrois à l'impression cet ouvrage, j'appris que le noms de *Hams* et de *Marguerite* n'étoient point les vrais noms de nos deux Eléphans ; jaloux de vérifier ce fait, et de connoître comment les noms dont je m'étois servi jusqu'alors et que je tenois de *Lassaigne,* n'étoient point les véritables, le bon *Tomson* m'a dit qu'effectivement le nom par lequel on distinguoit les Eléphans mâles dans l'Inde étoit *Hans,* et que celui de la femelle étoit *Parkie ;* mais que sur le point de venir en France, *Lassaigne* leur avoit donné ceux de *Hams* et de *Marguerite,* sous lesquels il m'avoit raconté leur histoire.

de faire une autre marche ; de sorte qu'en reculant chaque fois qu'il en ramassoit, il se trouva dans sa voiture sans s'être aperçu qu'il y étoit entré. La porte en fut aussitôt fermée ; mais on le laissa pendant trois jours en face de sa loge ordinaire, pour s'assurer s'il s'accoutumeroit à sa nouvelle demeure.

Les trois jours furent bien employés par notre captif. Il se souvint que déjà, dans pareille circonstance, il étoit parvenu à recouvrer sa liberté ; il se rappela ses heureuses tentatives que le succès avoit couronnées ; il en fit de nouvelles, mais ce fut en vain : tous ses efforts devinrent inutiles, et sa force ne put, cette fois, le faire triompher des combinaisons de l'art, et de cette industrie qui soumet à l'homme tout ce qui respire dans la nature.

Parkie eut aussi sa voiture particulière.

On ne s'occupoit plus que du départ de nos voyageurs ; il fut fixé : mille témoins hollandais et français accoururent pour assister à ce spectacle ; les premiers, convaincus que l'on ne réussiroit jamais, les autres dans l'attente du succès. Le général *Macdonald* avoit envoyé des chevaux ; on les attelle ; les voitures s'ébranlent et roulent aux applaudissemens des uns et au grand étonnement des autres, qui s'écrioient avec une espèce de dépit : « Ces Français ont vraiment le diable au corps ; rien » ne leur résiste ».

Cependant, on n'eut pas fait une demi-lieue, que la voiture sur laquelle étoit le redoutable *Hans*, ayant accroché la grille de fer du parc du *Grand Loo*, il s'y fit une fracture considérable, qui rendit nuls les efforts des seize chevaux qui la tiroient, et arrêtant totalement la marche, contraignit la caravane à faire halte en cet endroit. On eut beaucoup trop risqué à vouloir continuer la route ; l'inclinaison qu'éprouvoit la voiture, eût mis le voyageur dans une position très-pénible, et peut-être dangereuse pour lui.

Mais il falloit des ouvriers pour réparer la voiture, et des ordres pour retourner au *Grand Loo* : on envoie des courriers ; les ouvriers sont appelés, ils arrivent et se mettent à l'ouvrage. Ce travail fatigue le pauvre *Hans ;* la rigueur excessive du froid agissoit d'un autre côté sur l'un et sur l'autre, malgré l'attention que l'on avoit de placer, en-dehors des cages, des petits poëles dont on faisoit passer les tuyaux en-dedans, pour parvenir à les réchauffer, sans qu'il pût néanmoins en résulter de danger pour eux. Le temps nécessaire à la réparation, et celui que l'on mit à attendre des ordres pour rétrograder, suffirent pour que ces deux animaux maigrissent à vue d'œil d'un jour à l'autre. Celui des deux, qui supportoit le moins aisément cette situation pénible, étoit le mâle ; la femelle, naturellement plus tranquille, paroissoit moins affectée, et n'inquiétoit pas, à beaucoup près, autant leur conducteur, qui, pour le moment, étoit le second du cit. *Tomson*, le cit. *Lassaigne*, de qui je tiens ces détails.

Affligé de l'affoiblissement dans lequel il voyoit *Hans*, ce brave homme imagina, pour le ranimer, de lui donner un peu de vin ; il en mit, à cet effet, dans un bassin de la couleur de ce breuvage, et le lui présenta. Mais à la seule odeur, l'animal recula. *Lassaigne* alors jeta dedans, et sous ses yeux, une certaine quantité de cassonade ; mais il n'en voulut pas davantage ; enfin, ce conducteur intelligent prit des petits pains, les rompit et les trempa dans le vin ; l'Eléphant ayant remarqué le pain, se hasarda d'en prendre un morceau et de le goûter avec précaution : heureusement il le trouva de son goût, revint au vase, et finit par manger tout ce qui lui avoit été présenté. Pendant plusieurs jours, on ne lui servit pas d'autre déjeûner : petit-à-petit on diminua la dose de la cassonnade, et le vin, sans cet accessoire, ayant continué à lui plaire, l'usage qu'il en fit rappela ses forces. La reconnoissance de *Hans* pour son conducteur ne fut point secrète ; il la lui témoigna par mille caresses, sans cependant qu'elle diminuât la tendresse qu'il avoit pour *Tomson*, son ami particulier, le bienfaisant nourricier de son enfance, le doux objet de sa prédilection ; et cette préférence se fit sentir d'une manière très-sensible peu-à-près. Le

temps

temps continuant effectivement à être très-rude , la voiture étant réparée le plus solidement possible , on se décida , même avant l'arrivée
des ordres que l'on avoit demandés , de rentrer au *Grand Loo* ; ce
que l'on fit sagement ; car les quatre jours qui s'écoulèrent encore
jusqu'à ce qu'ils arrivassent , eussent peut-être suffi pour faire périr
ces animaux.

Ce fut dans ce séjour que *Lassaigne* sentit la différence de l'amitié
que *Hans* avoit pour *Tomson* , et de celle qu'il avoit pour sa personne.
S'étant en effet approché de lui avec le premier *cornac* , celui-ci reçut
les caresses , et *Lassaigne* fut presque rebuté : on eût dit qu'ayant vu ,
Lassaigne le servir pendant son douloureux campement , le souvenir
de ses souffrances se renouveloit à sa présence , et qu'il le regardoit
comme une des causes des désagrémens qu'il avoit essuyés.

Une autre observation digne d'être conservée , et qu'offrit leur
retour au *Grand Loo* , est celle-ci. Au premier moment de leur arrivée ,
on ouvrit les portes de leurs cages en face de leurs loges ; ils pouvoient
y entrer librement , et ils n'y entrèrent point. Ils sembloient craindre
encore quelques piéges , et ce ne fut qu'après avoir , pour ainsi dire ,
fait précéder leur décision de réflexions profondes , après avoir sondé
le terrain à droite et à gauche avec leurs trompes , qu'ils se décidèrent
à entrer ; mais comme par une espèce de cérémonial préliminaire , ils
prirent avec leur trompe de la terre qu'ils jetèrent sur les spectateurs.
Leur rentrée dans leur demeure habituelle fut célébrée par des cris
tantôt graves , tantôt aigus ; c'étoit le chant de l'allégresse : des larmes
coulèrent abondamment de leurs yeux ; le plaisir et la tendresse en
fournissoient la source. Leur joie se confondit ensuite , et des caresses
multipliées exprimèrent leur satisfaction mutuelle. C'est ainsi qu'après
des dangers auxquels ont échappé deux époux , on les voit se réjouir
ensemble de leur bonheur , en s'embrassant étroitement , et en épanchant leur ame l'une dans l'autre.

Mais si *Hans* et *Parkie* étoient revenus dans leur premier asile ,

8

ce n'étoit que pour donner le temps de construire de nouvelles voitures plus commodes, plus solides et plus propres à leur transport. La tranquillité dont ils croyoient pouvoir enfin jouir, devoit bientôt être suivie de traverses plus douloureuses encore.

On s'occupa de nouvelles voitures ; les ingénieurs qui se trouvoient dans le cantonnement, se réunirent pour en combiner le plan et en surveiller l'exécution ; et elles furent en état de partir le 24 fructidor an V (1).

Les Eléphans y furent placés, et cent chevaux furent destinés à tirer ces masses énormes.

Les Hollandais, que les événemens précédens avoient confirmés dans leur première idée, que l'on ne viendroit pas à bout d'effectuer l'enlèvement des Eléphans, ne laissèrent point d'être étonnés de cet imposant appareil ; et bientôt ils n'eurent pas même lieu de douter du succès de l'entreprise, quand, le 4 vendémiaire an VI, ils les virent partir du *Grand Loo*, et qu'ils surent que, dans le jour et sans accident, nos colosses voyageurs étoient arrivés à *Dewenter*, distant de 11 kilomètres 69 centimètres (trois lieues) du point de leur départ.

A *Dewenter*, on les embarqua sur des bateaux qui les y attendoient avec toutes les provisions nécessaires pour descendre l'*Yssel* jusqu'à jusqu'à *Zwal*, puis à *Camps*. Leur course étoit alors d'à-peu-près 58 kilomètres 47 centimètres (15 lieues).

On leur fit ensuite traverser le *Zuidersée*, pour entrer dans le canal du *Nuyden* et gagner *Utrecht*, où, coupant une branche *du Rhin*, ils enfilèrent le *Lech*, par le courant duquel ils entrèrent dans la *Merwe*, qui les amena à *Rotterdam*.

Dans cette ville, leurs provisions furent renouvelées et rafraîchies, après quoi ils remontèrent la *Merwe*, pour parvenir au golfe de *Bies-Bos*, près de *Dordrecht*, où on les fit séjourner, en attendant que le

___

(1) Ce sont celles que l'on voit à Paris.

temps fût devenu assez favorable pour leur embarquement sur la petite mer *Méditerranée* qui sépare *Dordrecht* de *Berg-op-zoom*.

Enfin cet embarquement eut lieu ; mais il fut, pour nos voyageurs, une nouvelle époque de malheur et de souffrances.

A peine en effet se trouvèrent-ils sur mer, qu'ils eurent à essuyer une tempête violente, qui les mit dans la position la plus cruelle. Le simple roulis du vaisseau devoit les incommoder. Qu'on se les peigne au milieu de la tourmente d'une mer en courroux. Si l'on ne peut savoir quelle fut l'impression que fit sur ces animaux un spectacle aussi nouveau, une position aussi fatigante, on peut donner du moins une idée de l'adresse avec laquelle ils cherchoient à diminuer l'effet des secousses qu'ils éprouvoient. Ils embrassoient avec force les plus grosses poutres de leurs cages, et, se cramponnant avec leurs pieds, ils se roidissoient contre le côté opposé où posoit la masse de leurs corps. Mais la mer devint si furieuse (1), qu'on se décida à relâcher dans une rade où l'on jeta l'ancre, et où l'on resta pendant trois jours. Enfin les vents s'appaisèrent, le ciel s'éclaircit, la mer devint pratiquable, on remit à la voile, et, malgré les contrariétés familières de Neptune, on aborda à *Berg-op-zoom*, le vingt-deuxième jour après le départ du *Grand Loo*.

Le 28 vendémiaire an VI, nos voyageurs arrivèrent au *Fort Lillo*, et le 1.er brumaire ils couchèrent à *Anvers*.

D'*Anvers*, ils remontèrent l'Escaut jusqu'à *Gand*, où ils séjour-

---

(1) Le *cornac Tomson*, qui m'a raconté cette particularité du voyage des Eléphans, m'a dit qu'au moment le plus critique de la tempête qui les assaillit dans le passage de *Dordrecht* à *Berg-op-zoom*, il s'étoit rappelé qu'un homme instruit, qui étoit du voyage, lui raconta ces vers de Crébillon dans la tragédie d'Idoménée, qu'il avoit appliqués ainsi à cette circonstance :

Une effroyable nuit sur les eaux répandue,
Déroba tout-à-coup la Hollande à ma vue :
La mort seule apparut. Le vaste sein des mers
Nous entr'ouvrit cent fois le chemin des enfers.

nèrent dix jours, après lesquels ils furent rembarqués avec leur suite, sur un seul grand bateau, qui remonta le petit Escaut jusqu'à *Oudenarde.*

Pendant le séjour qu'ils firent à *Gand, Parkie* perdit une (1) de ses défenses, qu'elle rompit en s'agitant dans sa cage, dont on avoit été obligé d'enlever le toit pour les faire passer sous la porte du lieu où l'on devoit les loger. L'impression que le grand jour avoit produit sur ces animaux, avoit occasionné cette agitation si funeste à Parkie.

D'Oudenarde, on les transporta, toujours par eau, jusqu'à *Condé,* à *Valenciennes,* à *Bouchain,* à *Cambray,* d'où ils allèrent par terre à *Saint-Quentin,* à la *Fère, Chanlay* et *Noyon;* puis ils descendirent la rivière d'Oise jusqu'à son confluent dans la Seine, qu'ils remontèrent jusqu'au port des Invalides à Paris.

De ce port, ils furent voiturés et conduits par les boulevards neufs, le bord de la rivière et la rue de Seine jusqu'au local qui leur étoit destiné, dans un des bâtimens du Muséum d'Histoire naturelle, où se termina leur voyage, qu'on peut estimer, tant par eau que par terre, à (190 lieues), quoique du Grand Loo à Paris, par la route directe, on n'en compte que (115).

On attendit au lendemain pour les mettre en possession de leur nouvelle demeure. *Hans* fut le premier dont on ouvrit la cage; mais il n'en sortit qu'avec beaucoup de précautions, et en renouvelant tout ce qu'il avoit fait à son premier retour au *Grand Loo.* Il a marqué la plus grande défiance en entrant dans la loge. Observer attentivement et scrupuleusement le local, visiter chaque barreau avec sa trompe, en éprouver la solidité par des secousses vigoureuses, fut son premier soin, et il ne cessa ce rigoureux examen que lorsqu'il vit qu'inutilement

---

(1) *Hans* en avoit aussi perdu une avant son second départ du Grand Loo. Il se l'étoit rompue.

ij

il tentoit d'enlever ces barreaux, ou de dévisser les écrous, placés au-dehors et qui les tenoient attachés entr'eux.

A la barrière en coulisse, qui sert de séparation à sa loge et à celle destinée à sa compagne, il remarqua le simple barreau de fer qui l'arrêtoit, et s'aperçut que ce barreau pouvoit se soulever. Aussitôt il le souleva, fit glisser la barrière sur ses roulettes, et entra dans la seconde loge, qu'il visita de même.

Pendant qu'il s'occupoit à cette visite, pour le distraire autant que pour le rassurer, on lui donna son déjeûner, qu'il ne dédaigna point. La porte de la prison ambulante de Parkie ou Marguerite venoit de lui être ouverte. Il y avoit plus de dix mois qu'elle n'avoit vu *Hans*, quoiqu'elle voyageât à côté de lui ; l'odorat seul leur avoit mutuellement attesté leur présence, que les attentions soutenues de *Hans* avoit rendue sensible, veillant pour sa compagne, en l'avertissant, par un cri particulier, des craintes qu'il éprouvoit. Leur première entrevue devoit être intéressante, et elle le fut en effet.

En entrant dans sa nouvelle habitation, le premier cri que *Parkie* fit entendre fut un hommage à la liberté ; le second fut pour l'amour. *Hans* mangeoit et croyoit sans doute que son amie en faisoit autant, quand la voix de Tomson qui l'appela, le détourna de son repas, et lui donna occasion de voir l'objet de sa tendresse. Dans un même instant, ils s'aperçurent ; par un même mouvement, ils allèrent l'un à l'autre. Des cris variés, poussés, répondus, faisoient retentir leur demeure : un souffle fort et précipité qu'ils exhaloient, étoit les soupirs de la tendresse et l'expression du sentiment. Parkie ajoutoit, aux témoignages de sa joie, le battement accéléré de ses oreilles qui, frappant ses joues, faisoient un bruit semblable à celui des ailes d'un gros oiseau qui s'abat ou qui vole à peu de distance.

Ainsi, après bien des tourmentes, bien des fatigues et la plus dure privation l'un de l'autre, se trouvèrent enfin réunis, près de nous, ces deux colosses que l'Inde avoit vus naître.

9

Ce que j'ai dit, jusqu'à ce moment, je le tiens des cit. *Tomson* et *Lassaigne*, compagnons inséparables de nos Eléphans, qui les ont constamment soignés, et lorsqu'ils étoient habitans paisibles de la ménagerie du *Grand Loo*, et pendant leurs voyages, et depuis leur arrivée au *Muséum d'Histoire naturelle*.

Je ne parlerai plus maintenant de ces animaux que d'après mes propres observations, que je rendrai sensibles à mes lecteurs, au moyen des planches qui les accompagneront, et que j'ai dessinées d'après eux, avec la plus grande exactitude.

Fig.1.

Fig.2.

E

I

Dessiné et Gravé par J.P. Houel.

Eléphant mâle

Eléphant femelle

PLANCHE II.

Figure de l'Eléphant considéré dans son ensemble. Caractères généraux et extérieurs de l'espèce; différences apparentes de chaque sexe.

Jᴇ présente ici, fig. 1, l'Eléphant mâle la tête en face, et fig. 2, l'Eléphant femelle, présentant la partie opposée.

La masse de leur corps est le premier objet qui frappe l'observateur, et il faut l'avoüer, cette masse imposante a de quoi étonner les personnes qui ne connoîtroient que les grands quadrupèdes de l'Europe, et qui n'auroient aucune idée de celui-ci. Il est, en effet, plus éloigné de ressemblance avec tous nos quadrupèdes, que ceux-ci ne le sont entr'eux, et le taureau offre plus de rapports avec le cheval et l'âne, que l'Eléphant avec aucun d'eux.

On seroit tenté de croire qu'en arrondissant les formes énormes de cet animal, la nature ait eu dessein d'annoncer, par son extérieur seul, la prédilection qu'elle avoit pour lui, et qui se prouve, d'un autre côté, par le degré d'intelligence qu'elle lui a départie, par les qualités morales dont elle l'a doué, et par cette incroyable longévité qu'elle lui accorde.

Il est des personnes qui seroient tentées de ne pas convenir de cette prédilection de la nature pour l'Eléphant, à cause de certains traits de sa figure, qu'ils regardent comme des caractères de laideur. *Il est même des savans qui se sont plus à ridiculiser, dans leurs écrits, le dessein et les proportions de cet animal, son corps gros et court, ses jambes roides et mal formées, ses pieds ronds et tortus, sa grosse tête, ses petits yeux et ses grandes oreilles.* Ils ont trouvé, pour me servir de leurs expressions, l'habit dont il est couvert, encore plus mal taillé et plus mal fait. Sa trompe si merveilleuse dans sa structure, ne seroit volontiers pour eux qu'un nez extraordinaire aussi ridicule que tout le reste de la figure de tous ces critiques.

Pourquoi les écarts de notre imagination exaltée s'exerceroient-ils plus fortement sur l'Eléphant en expressions injurieuses, et ne diroient rien de l'huître et de ses analogues. Sont-ce là de beaux animaux? La tortue et les limaçons sont-ils d'un ravissant coup-d'œil? Quant aux proportions, le chien basset comparé au lévrier, offriront-ils des méprises de la nature? Les cigognes, les bécasses, etc., avec leur bec très-alongé et leurs jambes hautes, et celles des autruches et des casoards, les ailes des uns, le défaut d'ailes des autres, dans quelle classe de singularité les placera-t-on? Sera-ce comme des erreurs ou des oublis de proportions? Les vers, les anguilles, les serpens, sont-ils mieux aux yeux des critiques de la nature? ceux-ci dans la terre, ceux-là à sa surface et les autres dans l'eau; qu'il y en ait d'infiniment petits et d'énormes dans les trois états, qu'en diront-ils? Et les quadrupèdes, et les multipèdes, et les oiseaux singuliers, et leurs variétés, sont-elles encore des défauts par ignorance ou par bizarrerie, ou bien les produits d'une puissance infinie, totalement au-dessus de nos conceptions, qu'on ne sauroit trop admirer, ne seroient pas souverainement respectables?

Quant à moi, je ne saurois me résoudre à souscrire à cette critique dure, anti-philosophique, et qui, suivant mes principes, ne peut être que très-déplacée. En effet, peut-on raisonnablement taxer de difformité, un individu qui a le caractère constant, les proportions et les formes que la nature a données à tous les individus de son espèce? Les décrier ainsi, n'est-ce pas calomnier et outrager témérairement la nature? N'est-ce pas l'accuser d'erreur ou d'impuissance? Qui sommes-nous, pour en parler ainsi? Je ne reconnois de difformité dans un être, qu'autant que, dans ses formes, cet être s'écarte de celles qui doivent

lui

lui être communes avec tous les êtres de son espèce. Quelle est donc cette règle éternelle et invariable de beauté qui astreigne la mère féconde de tous les êtres à n'avoir qu'un seul genre de proportion pour tout ce qu'elle peut produire? Et qui sommes-nous pour trouver une seule de ses productions laide ou mal faite? Que, par suite de notre ignorance, de notre inattention, de quelques-uns de nos préjugés, ou des idées que notre intelligence bornée se sera faites du beau, tel, ou tel être nous plaise moins, cela est possible; mais, que nous lui attri-buïons comme défaut absolu, ce qui n'est qu'une disproportion rela-tive avec nos principes imaginaires, cela ne doit pas être; et l'expé-rience m'a convaincu que la manière de voir en ce genre varioit sui-vant les préjugés et les idées des spectateurs. Pendant en effet deux mois consécutifs que je passai à étudier et dessiner les Eléphans, de combien de sensations ne vis-je pas affectés ceux qui venoient les visiter. L'un extasié, pour ainsi dire, à l'aspect de ces colosses, restoit immobile et sans proférer un mot; l'autre, contempteur orgueilleux de tout ce qui s'écarte des règles factices qu'il a imaginées sur le beau, critiquoit chaque partie de ce tout majestueux, comme, dans un salon, il eût prononcé sur la coiffure d'*Eglé*, sur la figure d'Iris. Enfin, cer-tains d'entr'eux manifestoient de l'étonnement, et leurs expressions étoient un hommage au pouvoir fécond et au génie vaste de la nature: Culte vénérable que je voudrois voir plus généralement répandu, parce qu'il me paroît essentiellement plus raisonnable?

Ce dernier sentiment de l'admiration, fut celui que la vue des Eléphans fit naître en moi, et plus je les étudiai, plus je les observai, plus il se fortifia; puissé-je le faire passer dans tous mes lecteurs, à me-sure que je leur ferai connoître les détails physiques, les qualités intel-lectuelles et les perfections morales de ces animaux intéressans!

Pour bien juger les Eléphans, il faudroit les voir à une distance plus grande que n'est celle d'où la petitesse de leur demeure, au jardin des plantes, permet de les considérer. Ils ne paroîtroient que grands,

10

vus du point que donnent les règles de l'optique : de trop près, ils paroissent monstrueux. La perspective démontre qu'un grand objet n'est
bien vu que lorsqu'on en est éloigné à une distance équivalente à deux ou
trois fois l'étendue de sa hauteur, et de sa largeur. Si l'on s'en approche
davantage, les détails nous occupent trop, et nous ne pouvons pas
saisir d'un seul coup-d'œil tout l'ensemble. La force et l'étendue de la
vue, doivent nous diriger dans le choix du point véritable d'où nous
devons voir les objets. A ce point de vue s'évanouiroient à l'œil, ces
rides qui ne nous sont point agréables ; il en seroit d'elles, comme du
tissu extérieur de notre peau, qui, considéré avec la loupe, nous cause
une espèce d'horreur qui se dissipe, quand nous rejetons cet instrument
qui nous avoit par trop rapproché d'elle. Ces raisons d'optique et de
perspective, font partie de celles qui m'ont engagé à dessiner mes Eléphans, non dans leurs cages ou dans les demeures fermées où ils rési-
dent à Paris ; mais à les représenter en plein air, au sein des campagnes
où les accessoires de la composition du tableau, par la proportion qu'ils
ont avec eux, les proportionnent aussi, pour ainsi dire, à nos regards.

C'est encore pour en agir avec notre mémoire et notre esprit,
comme avec nos yeux, que j'ai choisi d'abord l'attitude la plus simple
de l'Eléphant ; successivement je les montrerai sous tous les aspects
et dans les positions les plus extraordinaires. L'intérêt pourra se graduer
avec les détails de ses habitudes, et, classées progressivement, nos
idées se fixeront beaucoup mieux dans notre souvenir.

La tête de l'Eléphant mâle (fig. 1) présente l'ensemble de sa physionomie et le détail satisfaisant des principales parties qui la composent. On voit le front en entier, les yeux et les oreilles placés
à-peu-près comme dans un grand nombre de quadrupèdes. Le nez,
enfin qui, sous le nom de trompe, offre dans sa construction et l'usage
qu'en fait l'animal, un chef-d'œuvre merveilleux de la nature.

La bouche est cachée à nos yeux par cette trompe, et pour la faire
entrevoir, je lui ai donné un autre mouvement dans la tête de la

femelle. Voyez fig. 2 , lettre I , on la voit plus sensiblement encore dans les planches suivantes.

Cette trompe du mâle à son origine (A fig. 1) présente une forme bombée, qui s'arrondit et se prolonge jusqu'à son extrémité B ; C.

A cette extrémité , dans une cavité que l'animal laisse entrevoir quand il présente sa trompe en avant , on voit qu'en C , sont placées les voies de la respiration ; ce sont deux trous ou narines que l'on verra plus clairement planche IX.

Au bord supérieur de cette même extrémité de la trompe est une espèce de doigt que l'on voit ici mieux à la trompe de l'Eléphant femelle (en D fig. 2.) qui l'a recourbé. Cette espèce de doigt est infiniment utile à cet animal ; il lui sert à prendre les objets. Dans l'explication des planches IV, V, VI, VIII, on verra les différens usages auxquels il l'emploie, tant pour satisfaire ses besoins que ses plaisirs.

Ses membres et son corps sont tels que j'ai pu les saisir malgré ses mouvemens presque continuels qui en rendoient l'imitation plus ou moins difficile. Ces mouvemens , ces variations de position étoient si multipliés que , pour ne pas perdre un temps précieux , je fus obligé d'avoir six ébauches en même temps, que je touchais à chaque fois , suivant que les Eléphans se présentoient sous l'aspect que j'avois commencé à tracer. Cette difficulté n'est point particulière aux Eléphans , elle se rencontre toutes les fois que l'on veut peindre des animaux qui n'ont pas et ne peuvent acquérir cette immobilité désirable que l'éducation donne à quelques-uns, et c'est ce qui doit porter à l'indulgence ceux qui en considèrent les imitations et les imperfections.

Le corps de l'Eléphant a beaucoup de rondeur ; les os ne paroissent pas déterminer sa forme générale en beaucoup d'endroits, si ce n'est à la partie supérieure du dos, où la disposition des vertèbres établit une éminence longitudinale , des épaules à la queue, et qui varie de hauteur, suivant que dans ses mouvemens, l'animal, en raccourcissant la longueur de son corps, donne à son dos plus ou moins de courbure.

Le caractère spécial du sexe masculin se remarque encore (fig. 1, lettre L.) près de l'extrémité de la queue (lettre F.)

La nature a disposé les organes de l'Eléphant, de manière à le rendre susceptible d'éducation ; en lui, sont réunies la force et l'adresse. Il se meut avec facilité et quelquefois avec vitesse. On reconnoît en lui les grands mouvemens de la colère , les élans de la fureur et les transports de l'amour. Qu'il est beau le développement harmonieux de tous ses muscles ! Le jeu très-animé que ces passions leur donnent, peut seul offrir une comparaison avec ce qu'il y a de plus étonnant, lors de la fureur de ce colosse. Le soufle de ses narines, la force des sons qui sortent de sa vaste bouche, et le claquément bruyant de ses oreilles ne sont pas moins étonnans en lui, que les autres parties de son corps.

Leur forme varie sans cesse à l'œil. Dans l'espace de quelques minutes, vingt fois elles offrent un aspect différent ; tantôt elles présentent à leur partie cintrée supérieure un bourlet ; tantôt ce bourlet disparoît et l'oreille est applatie. Leur agitation facile est un des signes auxquels on peut reconnoître les sensations fortes de cet animal. Dans la colère, dans l'amour elles ont leur expression, et leur bruyante agitation contre les joues devient le signe de leurs affections diverses.

La peau de l'Eléphant est rude , inégale , ridée et comme gercée dans toutes sortes de sens, et gercée comme du maroquin, on y voit très-peu de poils , les adultes n'en ont même que dans quelques parties ; il y en a d'épars par-tout le corps dans les jeunes sujets : la peau est ordinairement d'un noir plus ou moins foncé lorsqu'elle est lavée ; mais la poussière en cache presque toujours la vraie couleur. Les ongles sont à-peu-près d'un rose clair lorsqu'ils sont propres. L'épiderme semble ne tenir à la peau que d'espace en espace (1).

_____

(1) Les intestins sont d'une grosseur considérable : mais l'estomac est simple et petit ; le foie n'a que deux lobes , et est dépourvu des vésicules du fiel.

La

La grandeur des oreilles n'est pas la même dans tous les Eléphans ; ceux d'Afrique les ont beaucoup plus grandes que ceux de Ceylan et de l'Inde. On en voit fréquemment en Afrique qui portent un mètre et quelques centimètres de hauteur (trois pieds quelques pouces) ; elles présentent généralement la forme d'un losange ou d'un ovale de cette longueur.

Je viens de faire connoître tout ce que l'on peut apercevoir de l'Eléphant mâle dans la planche II, je remets à un autre moment à parler de sa partie postérieure.

Passons à la femelle de ce colosse, colosse elle-même ; et comme je l'ai présentée sous l'aspect opposé, précisément à celui du mâle, ce sera sa partie postérieure qui nous occupera davantage.

Le premier objet qui frappe, en considérant ainsi la femelle de l'Eléphant, c'est sa queue, qui, grosse près de la racine, s'arrondit en diminuant insensiblement et devient très-fine à son extrémité, que terminent quelques petits poils ou crins noirs, dont elle est légèrement garnie. Elle n'offre d'autre différence avec la queue du mâle que sa longueur qui est moindre d'environ deux décimètres (7 à 8 pouces).

Au-dessous immédiatement de la naissance de la queue de ces animaux est placé l'*anus* (voyez la lettre M, fig. 2 et fig. 10, pl. X, etc.); il se trouve caché au milieu des plis de la peau, qui, dans cet endroit, est plissée d'une manière plus élargie en haut qu'en bas, où elle ressemble à un rideau froncé.

Cette espèce de draperie dans le lieu où elle est le plus étendue, s'échappe de chaque côté à quelque distance de la queue, (voyez les lettres H, K, fig. 2) elle semble n'être que la peau des fesses, prolongée et comme détachée qui retombe en formant des plis verticaux réunis en pointe (lettre O) à leur extrémité. C'est à la partie inférieure de cet amas de peau plissée (lettre P) que se trouve la vulve dans son état habituel.

Ce caractère particulier à la femelle n'est pas le seul qui la distingue

11

du mâle. Au premier coup-d'œil et de quelque côté que se présente
son corps, on voit qu'il est plus soutenu dans son ensemble, effet que
produit la disposition des côtes vraies et fausses qui sont plus abaissées
dans le mâle, (voyez lettre G, fig. 1) et plus levées dans la femelle,
(voyez la lettre E, fig. 2.)

La nature en les modelant ainsi, préparoit, dans sa prévoyante sollicitude, la place que pouvoit exiger un jour la présence du fœtus et son
accroissement progressif dans le sein maternel. A la vue du mâle, on
sent que son corps n'a point la même destination : la forme de ses côtes
ne procureroit pas la saillie nécessaire à l'extension du ventre qui,
dans cette circonstance, uniquement idéale à son égard, n'offriroit
qu'un sac énorme suspendu d'une manière fatiguante à la chaîne des
vertèbres.

Cette organisation du corps dans la femelle de l'Eléphant, en le ren-
dant et plus large et plus saillant de chaque côté, lui donne par une
suite naturelle, toutes les fois que cette capacité intérieure n'est pas
remplie, et conséquemment dans l'état le plus habituel, un air de
mollesse inévitable. On lui distingue mieux les os qu'au mâle qui est
plus rond et moins ridé.

Il est encore un autre caractère propre à la configuration de la femelle : c'est la tête qui le présente ; mais comme il n'est point sensible dans la figure qui est sous les yeux de mes lecteurs, je remets à
en parler jusqu'à ce que je le leur offre dans la planche IV.

L'acte de boire chez les Eléphants, présenté en deux tems.

PLANCHE III.

Manière de boire des Eléphans.

CʼEST une particularité sans doute bien curieuse à connoître, que la manière dont boivent les Eléphans, et je ne sais, si dans tout le domaine de la nature il est beaucoup d'animaux qui, comme eux, boivent en deux temps, et puisent leur boisson avec un de leurs organes pour la porter jusque dans celui qui sert de passage aux alimens solides et liquides nécessaires à leur subsistance.

J'ai cru conséquemment devoir dans un dessin particulier présenter cet acte singulier, et faire sentir la double opération dont il se compose.

Deux Eléphans s'offrent à l'œil dans la planche III. Le premier, (fig. 1) est placé près d'une source, et, dans le bassin où elle coule en épanchant ses eaux, il y plonge l'extrémité de sa trompe (voyez lettre A) à l'aide de laquelle il en aspire une quantité proportionnée à la grandeur d'un réservoir intérieur situé dans sa tête entre les deux yeux (lettre B, fig. 1). Le second, (fig. 2) après avoir relevé sa trompe, en la recourbant en-dessous, et l'avoir plongée dans sa bouche jusqu'au gosier, y verse cette eau précédemment puisée. Le bruit qu'elle fait en s'introduisant dans le sein de l'animal, ne peut être comparé qu'à celui qu'elle produirait si elle étoit jetée d'un vase dans un autre; l'immobilité de ses lèvres, à cet égard, ne permet pas de croire que, pour boire, sa bouche opère la moindre succion; l'eau y est poussée par l'expiration seule de l'air opérée par ses narines.

Ce n'est pas sans un motif puissant que la nature paroît à l'égard de l'Eléphant avoir voulu, en ce point, s'écarter de sa marche usitée.

La conformation qu'elle donnoit à son cou et sa proportion, de-mandoient cette disposition particulière.

Elle lui faisoit le cou très-court (voyez la lettre D, fig. 2) : il n'eût pu, dès lors, atteindre avec sa bouche jusqu'à la terre ; il n'eût pu la plonger dans l'eau plus basse que cette même terre qui le porte et lui sert de bassin ou de réservoir. La trompe lui étoit donc nécessaire pour cet important usage, et sa prolongation, sa construction merveilleuse, ne sont que des conséquences combinées avec les proportions et les formes générales de son corps.

Je donnerai une explication spéciale de cette trompe organe, inté-ressant (planche IX), comme je ferai voir, dans la coupe du squelette de la tête (planche VII), la place du réservoir pratiqué dans la tête de l'Eléphant à l'endroit où la trompe prend naissance. On y verra quelle est la capacité de ce réservoir, et l'on jugera facilement des avantages que cet animal peut en tirer dans plusieurs circonstances que j'aurai soin d'indiquer.

Fig 2

Dessiné et Gravé par J.P. Houel.

Du caractère dans les phisionomies des Eléphants.

aux quels on peut reconnaître le mâle et la femelle

des objets dont ils se nourrissent.

PLANCHE IV.

Manière de manger de l'Eléphant ; divers alimens dont il se nourrit ; caractère particulier à la tête du mâle et à celle de la femelle et autres auxquels on peut reconnoître leur sexe.

ON a vu quel usage l'Eléphant faisoit de sa trompe pour boire, je dois maintenant décrire comment il s'en sert pour manger. Et, afin de rendre plus facile à concevoir le mécanisme de cette opération, j'ai placé dans la planche IV mes deux Eléphans, mâle et femelle ; et devant eux, j'ai élevé la terre pour en former comme une espèce de table que j'ai couverte des alimens qui leur conviennent, et dont ils prennent une partie chacun d'une manière différente. L'un, et c'est la femelle, rassemble avec le doigt qui termine sa trompe, des brins de foin ou de paille épars, dont elle va faire un petit faisceau qu'elle portera ensuite à sa bouche. Quand elle est dans son étable, elle ne mange rien qu'après l'avoir nettoyé de toute matière étrangère, en le secouant et le frottant contre ses pieds ; l'autre qui est le mâle, (fig. 2) courbant sa trompe en spirale autour d'un bouquet d'herbe, est sur le point de l'arracher pour le manger ensuite (lettres A A). On peut reconnoître parmi les alimens qui sont réunis, du pain, un melon (lettre K), des feuillages, des fruits, des racines, des graminées de différentes espèces, du blé, du maïs, du seigle et autres farineux dont j'ai fait un monceau (lettre I). On n'y trouve aucune espèce de viande, parce qu'ils n'en mangent jamais. Tous ces alimens, les Eléphans les prennent avec leur trompe de la manière la plus adroite. Si les objets sont un peu gros, tels que pourroient être de forts melons ou des potirons, il les enlèvent, les frappent contre terre et les brisent, ou les placent sous leurs pieds avec lesquels ils les écrasent et les portent ensuite par morceaux à leur bouche. Les fruits, quand ils en mangent, ne les arrêtent point par leur enveloppe ou leurs noyaux ; et je croirois volontiers, que ceux de l'abricot ou de la pêche ne les inquiéteroient pas, tant sont solides et fortes leurs dents molaires, et vu la vigueur de leur action ; mais s'ils mangent du raisin, après l'avoir pressé pour en obtenir tout le fluide, ils rejettent à terre les rafles des grappes.

Lorsque c'est du grain très-petit ou du son qu'ils mangent, ils le ramassent en l'enveloppant de leur trompe, tournée en spirale, comme ils s'en servent pour arracher l'herbe (fig. 2, lettres A A.) Ainsi successivement ils le prennent ; et quand il n'en reste plus qu'une trop petite quantité pour se servir de ce moyen, il est curieux de les voir en rapprocher toutes les parties éparses à l'aide du doigt de leur trompe, et comme nous pourrions le faire nous-mêmes avec la paume de la main, puis aspirer ce qui ne leur seroit plus palpable pour l'expirer ensuite dans leur bouche. Ce petit travail leur fait plaisir, et ils y trouvent autant d'agrément qu'en auroit un enfant à rassembler les débris des friandises qui lui auroient été données.

Dans l'état de liberté, les Eléphans vivent aussi de l'épi et des grains du riz et autres graines. Souvent ils dévastent les champs ; ils aiment beaucoup les cannes à sucre sauvages, le maïs ; et les Indiens leur donnent de la mélasse. Le vin blanc et rouge et l'eau-de-vie leur plaisent au point qu'ils s'en enivreroient volontiers.

Pour faire voir le jeu de la trompe de l'Eléphant, dans la fonction de manger, j'ai présenté la face de nos deux colosses, et cette position nous permet d'examiner, avec quelques détails, les différences qui se trouvent dans celle de l'Eléphant mâle, et celle de l'Eléphant femelle, et qui constituent leur physionomie respective.

D'abord la forme de la trompe diffère essentiellement dans l'un et dans l'autre. Le mâle, à l'endroit où elle prend naissance, a une bosse assez forte (lettre E, fig. 2), et la femelle, au même endroit, ne présente qu'une cavité (fig. 1, A, B, C, D); ensorte qu'à considérer la trompe comme nez de cet animal, le mâle auroit le nez aquilin, et celui, de la femelle seroit droit.

Il est à observer que cet endroit de la naissance de la trompe (A, B, C, D, fig. 1 et E, fig. 2), est un de ceux où l'on peut le plus aisément blesser cet animal à mort. Il s'y trouve, en effet, à l'*ossature* de la tête, un large trou par lequel on pourroit faire entrer un stylet ou fer pointu qu'on enfonceroit avec facilité jusqu'au cerveau, comme on peut s'en convaincre par l'inspection du squelette de la tête coupée de profil et verticalement, dans la planche VII, figures 1, 2, 3, 4, 5.

La position dans laquelle j'ai dessiné les Eléphans permet que nous apercevions encore un caractère distinct du sexe dans le corps de la femelle; ce sont deux mamelles placées entre les jambes de devant, et qui, vû la jeunesse de ce sujet ne sont pas très-apparentes. J'aurai occasion d'en parler quand je m'occuperai de la manière dont tétent les petits Eléphans.

PLANCHE V.

De la tête de l'Eléphant et de ses proportions considérées sous leurs rapports avec les arts d'imitation, tels que le dessin, la peinture et la sculpture.

~~~~~~~~~~~~~~

Pour tracer avec exactitude les formes de la tête de l'Eléphant, je l'ai soigneusement examinée dans les deux individus que m'offroit le Muséum d'Histoire naturelle de Paris, et j'ai reconnu que cette belle partie dans cet animal, avoit, comme dans tous les autres êtres qu'enfante la nature, des formes régulières et déterminées, choisies par cette mère attentive et savante, pour produire un ensemble harmonieux avec le reste du corps, et présenter à nos regards, un accord qui les flatte.

Une chose, sur-tout, m'a frappé dans cet ensemble, c'est la grande simplicité et le peu de détails qu'il présente. Et dans ce caractère vraiment remarquable, j'ai cru trouver une leçon, pour les hommes qui se livrent à l'étude et à l'exercice des arts d'imitation, dont le but est de les convaincre que lorsqu'ils veulent composer des colosses, de quelque genre que ce soit, tant en architecture qu'en sculpture, etc., ils doivent donner, à leurs compositions, aux constructions, ou aux figures qu'ils font, des proportions larges et mâles, en épargnant les détails que l'œil ne pourroit pas saisir aisément, lors de l'imitation de la nature qui, dans les colosses qu'elle crée, élargit les masses, aggrandit les formes et ménage les détails que la nécessité dans laquelle nous sommes de nous placer à une certaine distance de l'objet, feroit perdre pour en voir l'ensemble,

<div align="right">*De*</div>

Pl. V.

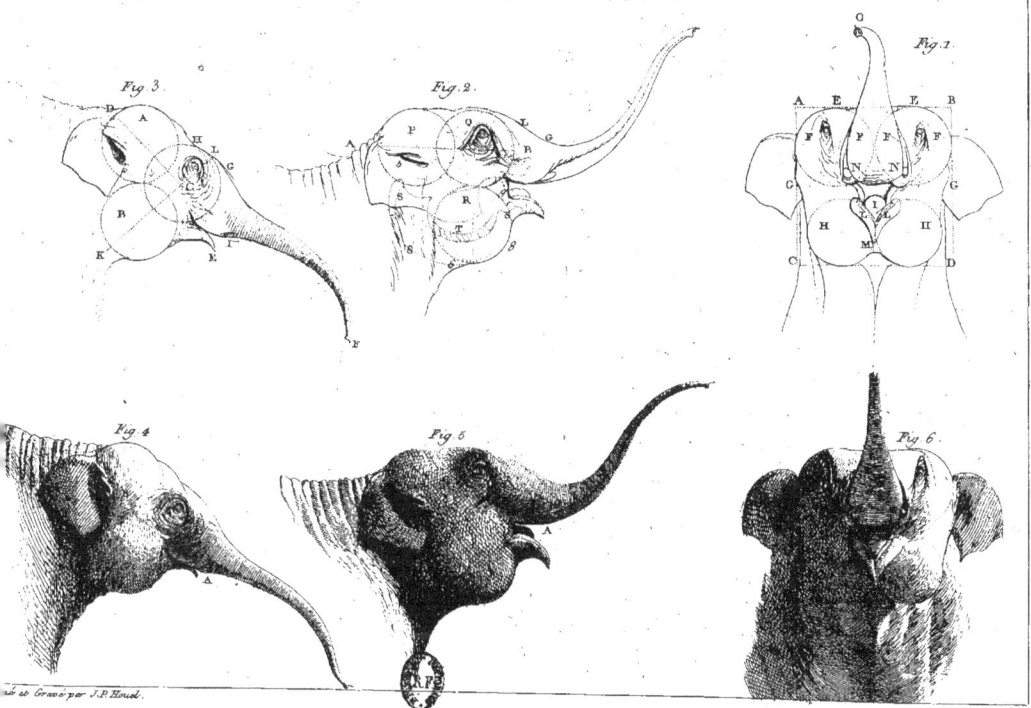

Fig. 3

Fig. 2

Fig. 1

Fig. 4

Fig. 5

Fig. 6

Dessiné et Gravé par J.P. Houel.

Principes de Dessin

Pour représenter correctement, les caractères de la tête de l'Éléphant, dans différentes positions.

De l'ensemble de la tête de l'Eléphant vue de face.

Quand on voudra dessiner une tête d'Eléphant, il faudra tracer un carré parfait, voyez planche V, fig. 1, A, B, C, D. On le divise en deux sur sa largeur, et on fait deux cercles en haut F, F, qui remplissent cette moitié du carré, et deux cercles en bas H, H, mais d'un cinquième de diamètre plus petits, que ceux d'en haut; ils doivent se toucher à la ligne que l'on suppose perpendiculairement tirée au milieu de ce carré I; l'espace qui reste entre les deux premiers cercles et les deux seconds, sera pour la bouche ouverte, et l'autre espace de chaque côté entre les petits cercles et le carré A, B, C, D, marquera le rétrécissement de la tête, à l'endroit de la mâchoire, comparé à la largeur du haut de la tête; voyez les deux cercles F, F, et les deux petits H, H. Actuellement, pour tracer le contour de cette tête, dont on n'a que la masse générale, joignez les deux cercles d'en haut, par une ligne à l'endroit E, E, de ces deux grands cercles. Tracez de chaque côté la ligne G, G, descendante vers les petits cercles H, H, et vous aurez les côtés de la tête, avec l'indication du cartilage de l'entrée de l'oreille; ensuite, joignez ensemble à l'endroit M, ces deux petits cercles d'en bas, par une ligne courbe, et vous aurez le creux qui existe sous la langue I, entre les deux os de la machoire. Les lettres L, L, marquent la lèvre inférieure; la supérieure est formée par le dessous de la trompe; l'une et l'autre ont leur place sur la circonférence des grands et petits cercles. Les lettres N, N, indiquent la naissance des défenses, et O l'extrémité de la trompe, dont le bas doit avoir le tiers de la largeur totale de la tête. Dans cette position, les oreilles se trouvent à la hauteur des yeux; leur largeur et leur hauteur varient à cet aspect, parce que cette partie de la tête est très-mobile dans ses formes et ses proportions. On peut aussi les renfermer dans un carré, que l'on arrondit à l'endroit de l'angle supérieur. Voyez les fig. 1, 2, 3.

Les oreilles des Eléphans présentent une particularité très-remarquable : elles diffèrent essentiellement de grandeur selon les pays dont
sont originaires les Eléphans. Ceux que j'ai observés sont nés dans l'île
de Ceylan, et de la famille la plus grande de cette île ; ils ont les oreilles
comme je les ai représentées ; mais les Eléphans du continent d'Afrique
vers l'Occident, ont de très-grandes oreilles, d'une fois et demie la
hauteur de la tête, à les mesurer du bas en haut, et quelquefois plus ;
leur largeur est d'à-peu-près la moitié de leur hauteur, et leur forme
diffère aussi beaucoup de celle-ci ; on en voit des exemples dans
Buffon.

De la tête de l'Eléphant vue de profil, fig. 2. et 3.

CETTE tête de l'Eléphant, vue de profil, fig. 2, nous offre aussi
des formes régulières que l'on peut déterminer géométriquement,
avec précision, dans leurs masses générales et particulières jusqu'à
certain point.

La tête figure 2, est le profil de celle que l'on voit en face, fig. 1.
La bouche est ouverte. Sous ce nouvel aspect les cercles changent de
proportion, parce qu'ils ont de nouvelles fonctions à remplir. Consi-
dérez fig. 2 les deux cercles P, Q, ils entrent l'un dans l'autre d'un
quart de leur diamètre, ou demi-rayon. Le cercle T se trace au-dessous,
et touche seulement le cercle Q ; ce qui forme l'ouverture de la bouche.
Au chiffre 8, le dessous de la mâchoire se trouve tracé par le cercle T.
Le cercle B, en se traçant, dessine le crâne et l'origine supérieure du
cou, qui se voit au point A. Le cercle Q forme l'enchâssement de
l'œil, et la masse de cet enchâssement est indiquée, dans son entier,
par un trait fin. Au point L, on voit la naissance de la trompe, dont
la bosse que nous avons fait remarquer dans l'Eléphant mâle, finit
en G. J'ai annoncé par une ligne ponctuée S, S, 6, 8, l'os de la
mâchoire. La lettre T marque la place des dents molaires ; la lettre R,

la mâchoire supérieure et le n.º 9, la langue. On voit que le dessous de la trompe répond horizontalement au niveau du cercle Q, comme dans la tête de face. On remarque la naissance des défenses, dont je m'abstiens de fixer par des lettres les places précises, afin d'éviter la confusion. D'ailleurs cette multiplicité de détails n'est point nécessaire aux peintres habiles, pour qui, plus spécialement, j'ai fait cette partie de mon Ouvrage. Toutes les autres proportions que l'on désireroit avoir, telles que les saillies de la lèvre inférieure, la place et la grandeur des oreilles, le diamètre du cou, pourront, sans de nouveaux cercles, sans lettres et sans chiffres, se trouver avec un simple compas, en cherchant les rapports de grandeur et d'éloignement que ces parties pourroient avoir avec les cercles tracés qui font les bases proportionnelles de cette tête.

A la figure 3, la tête étant inclinée et la bouche fermée, il a fallu une nouvelle disposition de cercles, qui en déterminât les formes et les proportions.

Si pour base des proportions de la tête de profil que je viens de décrire, j'eusse voulu, à l'exemple du carré qui sert de base à celles de la tête, fig. 1, supposer un triangle rectangle pour y placer les trois cercles dont on a vu les fonctions; le premier des côtés de ce triangle eût pu se former par une ligne horizontale, traversant les centres des deux cercles P, Q; la seconde, par une perpendiculaire, qui, en descendant, auroit touché les centres des cercles Q et T; et le troisième enfin par une diagonale qui, passant du centre du cercle P au centre du cercle T, auroit joint la ligne précédente. Ce sera un triangle de cette espèce que je donnerai pour base des proportions de la tête, fig. 3, en le présentant du côté opposé. Descendons à cet effet la ligne inclinée D, I, sur les centres des cercles A, C; du centre C au centre B, traçons la ligne ponctuée L, K, qui est aussi inclinée; ajoutons-en une dernière du centre A au centre B, et nous aurons un triangle rectangle qui, par sa disposition présente, sera la base de la tête de l'Eléphant vue de profil dans quelque situation qu'elle soit. Dans cette tête de la fig. 3, ainsi vue latéralement, l'enchassement de l'œil, est comme dans la fig. précédente 2, formé par le cercle C; la lettre H marque la naissance de la trompe, et la lettre G sa convexité; au point F se remarque ce doigt que forme l'extrémité saillante de la trompe, et dont j'ai déjà fait admirer l'adresse. La lettre E indique l'extrémité de la lèvre qui est un corps charnu, une substance molle, et qui ne peut que foiblement serrer les objets qu'on présente à la bouche de l'animal.

Les autres figures 4, 5, 6 de cette même planche, ne sont que les aspects répétés des mêmes figures, qu'on a seulement eu soin d'ombrer, afin d'en faire connoître l'effet et les formes, tant générales que particulières.

De la fente secrétoire latérale de la tête de l'Eléphant.

DANS le côté de la tête de l'Eléphant, soit mâle, soit femelle, on voit, entre l'œil et l'oreille, un point, une petite fente, ou ouverture verticale que communément l'on n'aperçoit guères, si l'on n'en est pas averti, voyez fig. 4 et 5. La longueur ou hauteur de cette fente est d'environ deux centimètres ou quatre lignes; elle est située au milieu d'une petite éminence de peu de relief, environnée de rides concentriques.

Cette ouverture, la plupart du temps fermée, s'ouvre à certaines époques, et il en sort une humeur un peu visqueuse, qui coule du haut en bas de la joue, et tombe par gouttes jusqu'à terre; lorsqu'elle est le plus abondante, sa couleur est d'un brun-rouge qui s'obscurcit en se séchant, et laisse une trace noire sur les joues de l'Eléphant; cette ouverture devient ovale lorsque la liqueur sort abondamment.

Cet

Cet écoulement annonce, dit-on, chez le mâle (1) l'époque du rut ; mais cela n'a pas été confirmé jusqu'à présent. Cet effet ressemble beaucoup à celui que j'ai remarqué chez les chameaux et les dromadaires du Muséum d'Histoire naturelle, quand ils sont dans le même état, c'est-à-dire, dans le rut.

Le *cornac* que j'ai consulté pour savoir si cet écoulement étoit commun aussi à la femelle, m'a dit qu'il ne l'avoit point encore aperçu chez elle ; mais pendant tout le cours du mois de nivôse an VII, soit par maladie, soit par un excès de santé, les petites fentes de la tête du mâle et de la femelle répandirent une humeur jaunâtre, le mâle bien plus abondamment cependant que la femelle. Au mois de floréal suivant, on put faire encore la même observation.

Les Eléphans généralement doux, qui ne cherchent point à nuire, qui connoissent si bien et aiment tant leurs gardiens, commencent méchans lorsque les glandes qu'ils ont entre l'œil et l'oreille viennent à produire cette liqueur dont je viens de parler ; alors ces mêmes gardiens en éprouvent de mauvais traitemens, et ces animaux se battent même entr'eux. L'écoulement dure quarante jours, s'arrête

---

(1) Dans les Mémoires de l'Académie des Sciences, tome III, partie III, page 138, premier paragraphe, on lit la description suivante :

« Entre l'ouverture de l'oreille et l'œil au-dessous du muscle crotaphite, il y avoit un trou » de chaque côté de la tête. On a trouvé que ces trous sont les extrémités des conduits qui sor- » tent de deux grosses glandes placées une de chaque côté immédiatement sous la peau. Ces » glandes, qui sont du genre des conglomérées, étoient rondes, ayant six pouces de diamètre. » Dans leur substance, il y avoit un grand nombre de vaisseaux entremêlés. Le conduit, qui » s'enfonçoit dans la glande à environ un pouce, étoit gros comme le petit doigt, inégal en- » dedans, à cause d'un grand nombre de petites éminences noires, dures, pointues et longues » d'environ deux lignes. Au fond du conduit, on voyoit quatre ou cinq trous ronds qui » étoient les ouvertures des petits canaux par lesquels la glande se déchargeoit dans le » grand conduit ».

» Strabon parle de ce conduit, et remarque qu'aux Eléphans, il en découle une humeur » huileuse, quand ils sont en chaleur ».

14

pendant quarante autres , puis revient ensuite. L'humeur qu'il rend
est visqueuse et fétide. C'est pendant les derniers jours de l'écoulement que ces animaux sont le plus difficiles , ils en viennent jusqu'à
refuser de manger ; mais ce refus est un signe que leur état va cesser.

C'est aussi dans ces circonstances extraordinaires, qu'on a observé que
les Eléphans ont trois cris , un de la trompe qui est plus aigu et qu'ils ne
semblent faire entendre que comme un signe de plaisir, et lorsqu'ils
jouent entr'eux ; un cri foible de la bouche par lequel ils demandent
leur nourriture ou expriment leurs autres besoins ; et un très-violent
de la gorge qui annonce qu'ils éprouvent quelqu'effroi ; ce dernier
est réellement terrible. Telles sont les observations que le cornac
m'a communiquées.

Pl. V

Fig 1. Fig. 2. Fig. 3.

Fig. 4. Fig. 5. Fig. 6.

Dessiné et Gravé par J.P.Houel.

Suite de principes
Tête d'Eléphant armée de défences.

PLANCHE VI.

SUITE DES PRINCIPES.

Des défenses de l'Eléphant.

Je n'ai dit en parlant de la tête de l'Eléphant qu'un mot sur l'endroit de l'insertion de ses défenses , mais je me suis proposé d'en parler complettement dans un article séparé , et c'est pour cette raison que je publie la planche VII , où je les ai dessinées dans leur plus ample développement.

Je compare volontiers ces défenses aux dents canines que l'on remarque dans plusieurs animaux, et sur-tout dans le chien de qui elles ont tiré leur nom. Dans ce dernier animal les dents canines n'excèdent les autres dents que du double à-peu-près de leur longueur. Le chien ne les fait voir que dans certain momens où la passion l'agite , et principalement dans des accès de colère. On diroit qu'il voudroit intimider son ennemi en lui montrant cette arme qui peut lui servir également pour attaquer comme pour se défendre , et qu'il emploie si utilement quand il s'agit de se venger. L'Eléphant, au contraire , ne cache point ses défenses , il les montre à tous les yeux. Elles complettent l'idée de sa force et des moyens qu'il a pour en faire usage.

Au premier coup-d'œil on seroit tenté de considérer cet animal comme une masse inerte dont on n'a à redouter que le poids ; mais quand on observe la souplesse, l'adresse et la vigueur de sa trompe, la courbure menaçante de ses défenses, quand on peut le voir ainsi que je l'ai vu (1) courir avec une espèce de légèreté , avec vîtesse même , se mouvoir en tous sens avec aisance, on conçoit nécessairement que s'il éprouvoit un danger , ou s'il se livroit au ressentiment, à la colère ou à la fureur, ce seroit un des êtres les plus formidables.

Les défenses des Eléphans ont aussi une structure qui leur est propre. Elles sont composées de couches coniques emboîtées les unes dans les autres, et dont les plus intérieures sont produites les dernières ; leur base est creuse , d'un cavité conique dont la pointe se prolonge en un canal étroit qui traverse l'axe de la défense, et qui se remplit d'une matière noirâtre.

La coupe transversale de la défense présente des cercles qui sont eux-mêmes les coupes des couches qui la composent. On y voit de plus des lignes qui se rendent du centre à la circonférence en se courbant en arcs de cercles , et en se croisant avec d'autres semblables courbes en sens contraires , et formant ainsi des losanges curvilignes disposées fort régulièrement. Ce sont ces losanges qui peuvent faire reconnoître sur-le-champ l'ivoire de l'Eléphant ; on ne voit rien de semblable sur celui de l'Hyppopotame , du Morse , du Sanglier, ni du Narval. La couche la plus extérieure n'a que des stries droites et dirigées vers le centre ; c'est un véritable émail ; mais comme il n'est guère

(1) Quelquefois j'ai vu les deux Eléphans conduits dans le jardin du Muséum d'Histoire naturelle , dans des jours de beau temps et d'une douce température. La vue du soleil sembloit procurer à ces animaux une vive jouissance. La présence de cet astre les récréoit, comme elle récrée tout ce qui respire dans la nature , et ce sentiment de joie ne se concentro t pas. Il se développoit au contraire, et bientôt ou les voyoit manifester tout leur contentement par des courses , par des bonds étonnans ; c'étoit, entre le mâle et la femelle un combat de légèreté ; ils se portoient en avant, en arrière, de côté; ils couroient , ils trottoient, On remarquoit en eux une espèce d'ivresse ou de folie, qui se caractérisoit dans leurs mouvemens : tout peignoit en eux le charme de leur situation, et cet amour de la liberté , inné dans tous les êtres, et que l'habitude de l'esclavage ne sauroit étouffer,

plus

plus dur que l'ivoire lui-même, et qu'il s'use vîte à la partie voisine de la pointe, plusieurs auteurs ont cru que les défenses de l'Eléphant n'en étoient point revêtues.

Les Eléphans du Muséum d'Histoire naturelle qui, par les observations qu'ils me procurent, me servent à baser sur des faits incontestables l'histoire des individus de leur espèce, ne pouvoient point me fournir des notions assez étendues sur les *défenses*. Jeunes encore, en supposant qu'il ne leur fût arrivé aucun accident, ils n'auroient pu me les montrer dans leur entier accroissement : on convient généralement qu'elles ne sont à leur grandeur complette que lorsque l'animal arrive à trente ou quarante ans. D'ailleurs on a dû remarquer qu'ils les avoient perdues dans le moment de leur départ ou de leur voyage de Hollande à Paris, au mois de vendémiaire an VI. Celles de la femelle n'avoient encore que 5 centimètres quatre millimètres (deux pouces) de longueur, et le mâle venoit de perdre de nouveau celles qui lui étoient repoussées, en secouant les poutres qui formoient la cloison de sa loge. Je me suis vu conséquemment forcé d'avoir recours aux meilleurs auteurs pour pouvoir en parler avec quelque fondement, et ce que je vais dire est d'après eux.

Les défenses ne sont aux yeux de certains naturalistes que de simples dents; d'autres les considèrent comme des cornes; ce que l'on peut dire de certain, à cet égard, c'est que leur substance qui est l'ivoire s'amollit au feu, ce qui n'arrive point aux dents proprement dites, et que, comme on l'a vu, et comme le prouvent les fig. 1, 2, 3, 4 et 5 de la planche suivante, l'os d'où elles sortent est distinct et séparé de celui d'où sortent les autres dents.

Ce qui sert à combattre l'assertion de ceux qui considèrent les défenses comme des cornes, c'est qu'ordinairement, comme on peut l'observer dans le Taureau, les cornes sont établies sur un os poreux qui en est le noyau, et qui leur sert d'organe nourricier, tandis qu'ainsi que me l'a dit M. *Levaillant* et que je l'ai écrit sous sa

15

dictée, les Eléphans ont, au sein de leurs défenses, un noyau de chair qui leur fournit le suc nécessaire à leur accroissement. C'est une espèce de muscle qui varie de longueur, selon que varie la longueur de la défense qu'il nourrit. Quand dans les jeunes sujets la défense sort de l'alvéole d'environ huit centimètres deux millimètres (trois pouces), le noyau ou muscle a six centimètres sept millimètres (deux pouces et demi), il y a quatorze millimètres (un demi pouce massif d'ivoire). Les défenses portent-elles six décimètres cinq centimètres (deux pieds), la moitié est en massif d'ivoire, et le muscle remplit le reste. Ces remarques ont été faites par M. Levaillant, qui a beaucoup observé les Eléphans en Afrique. Ce voyageur m'a dit encore que lorsque la défense n'a que cinq centimètres trois millimètres (deux pouces) à la fin de la première ou de la seconde année de l'Eléphant, on peut l'apercevoir en la cherchant dans l'alvéole. Le muscle nourricier des défenses est d'un excellent manger, m'a-t-il de plus assuré, d'après sa propre expérience.

Suivant *Foucher-d'Obsonville*, les défenses des Eléphans ne sont jamais si grandes dans l'état de servitude que dans l'état de liberté : il dit, que l'on a vu quatre Eléphans libres, du même âge et de la même grandeur, n'avoir pas des défenses d'une même longueur ; ce qui prouve que, même dans l'état de liberté, la longueur des défenses varie. Je croirois que leur plus grande ou leur moindre étendue dépend de la vigueur plus ou moins considérable des tempéramens.

M. *Cuvier* dit que les défenses de lait tombent le 12 ou 13.me mois ; celles qui leur succèdent ne tombent plus et croissent toute la vie dans l'Eléphant des Indes. L'opinion déjà avancée par Elien, et soutenue depuis par quelques modernes, d'après laquelle les défenses des Eléphans tombent à diverses reprises, comme les bois des cerfs, seroit-elle fausse par rapport à l'espèce des Eléphans d'Afrique ?

Dans la planche précédente on a pu remarquer que les défenses ne faisoient que de naître; dans celle-ci, je les ai représentées dans leur *maximum*. On les y voit armant la tête de l'Eléphant, dont la bouche est fermée, fig. 1 et 4.ᵐᵉ, et ouverte, fig. 2, 3, 5 et 6. Dans les fig. 3 et 6 les défenses sont dessinées en racourci, parce que la tête est vue de face.

On peut encore considérer dans ces figures l'accord de la trompe avec les défenses, et les rapports de proportion que peuvent avoir ces deux parties de l'animal qui, tout-à-la-fois lui servent d'ornement et lui sont de la plus grande utilité, soit pour ses besoins, soit pour ses plaisirs, et dans l'état d'esclavage comme dans l'état de liberté.

PLANCHE VII.

Vue du squelette de la tête d'Eléphant présenté sous différens aspects extérieurs et intérieurs, et d'une de leurs dents molaires où l'on peut reconnoître les caractères propres à faire distinguer les Eléphans d'Afrique et ceux d'Asie,

JE présente dans la planche VII, divers squelettes de têtes d'Eléphans sous les numéros 1, 2, 3, 4, 5. J'ai fait ces dessins d'après deux squelettes de têtes de ces animaux conservés au Muséum d'Histoire naturelle, et dont l'un vient d'un Eléphant d'Afrique, et l'autre d'un Eléphant d'Asie. Ces deux squelettes sont intéressans, soit qu'on les examine isolément, soit qu'on les compare. Quel que soit celui que l'on considère, on peut y admirer la combinaison des os qui forment la contexture osseuse de la partie principale de la tête du plus grand des quadrupèdes; les points où viennent se rendre et se réunir les muscles qui font mouvoir sa trompe merveilleuse; ceux où s'enchasse l'organe de l'ouïe, où se place celui de la vue, où s'insère la racine des défenses; le vaste réservoir où ce prudent animal s'approvisionne, en pompant par aspiration toute l'eau dont il prévoit qu'il aura besoin pour étancher sa soif dans les chemins arides qu'il peut avoir à parcourir, pour s'arroser dans les grandes chaleurs, et chasser les mouches incommodes (1); enfin l'endroit foible par lequel, en

(1) Je tiens cette particularité du cit. *Legaux de Flaix*, qui a été vingt-deux ans dans l'Indoustan,

introduisant

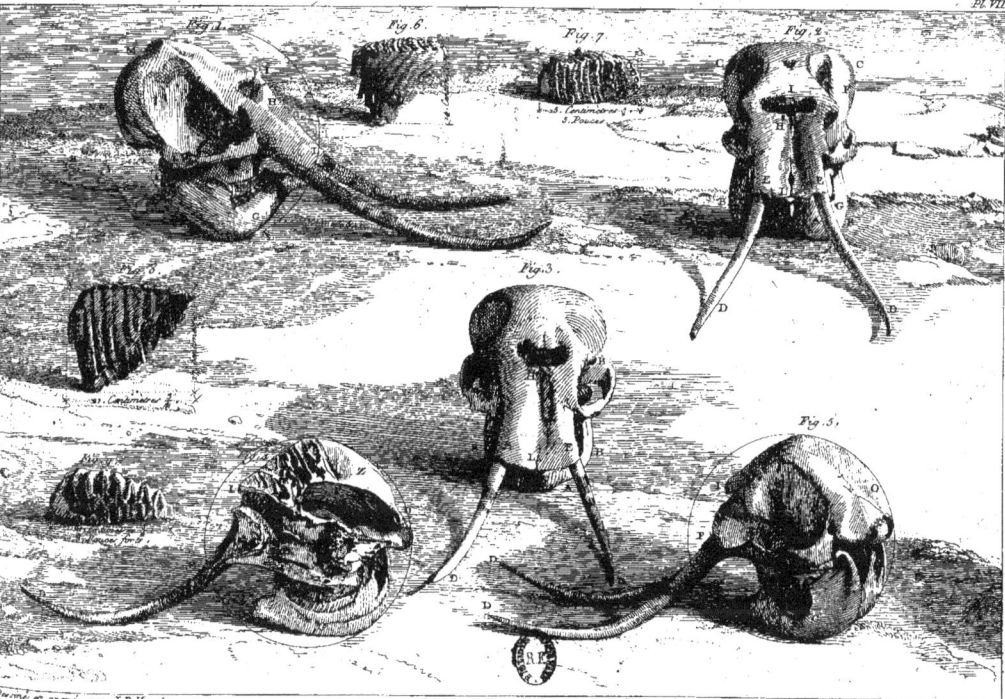

Pl. VII.

Fig. 1.   Fig. 6.   Fig. 7.   Fig. 2.

Fig. 3.

Fig. 5.

Durone, et gravé par J.P. Houel.

Squélette de la tête de l'Eléphant

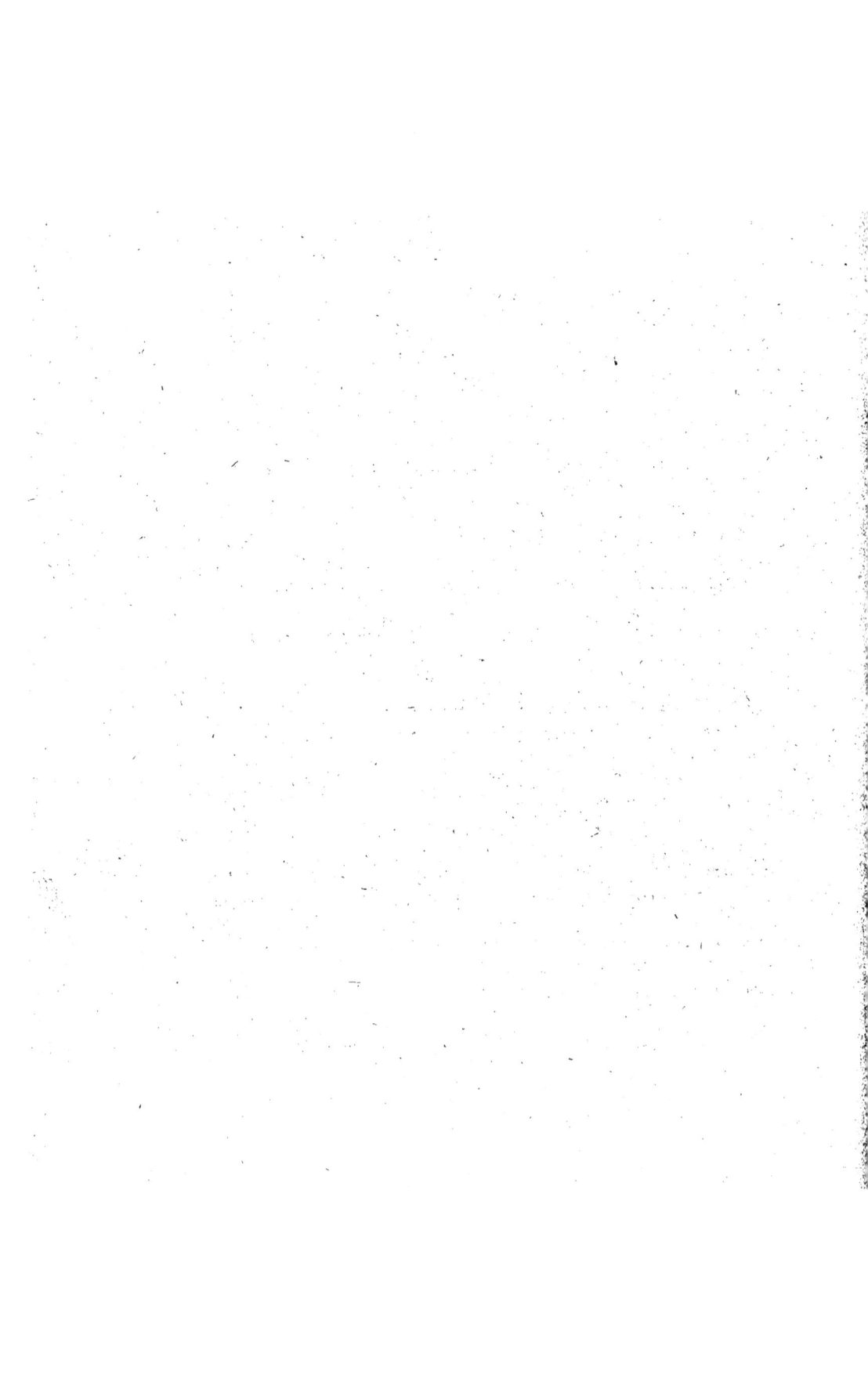

introduisant la mort, on peut couper la trame de ses jours que la nature semble avoir pris plaisir à rendre plus durable que celle des autres animaux. A l'endroit O, fig. 4, et 5.

En les comparant on voit les différences que présentent les Eléphans d'Asie, et qui font distinguer leur tête de celle des Eléphans d'Afrique ; différences qui se trouvent principalement dans les contours du profil, la forme et l'évasement des mâchoires inférieures et dans la construction des dents molaires.

Mais entrons dans quelques détails, et montrons au doigt, pour l'usage et l'instruction de mes lecteurs, ce que je viens d'indiquer en masse.

Au premier aspect, et quelle que soit celle des cinq têtes représentées planche VII que l'on observe, on est frappé de la cavité I que l'on y voit au milieu du front. C'est-là l'entrée du réservoir dans lequel l'Eléphant conserve toute l'eau qu'il aspire. On en peut voir la latitude dans la fig. 4 où elle s'étend du point I au point K. Elle offre aussi le lieu où viennent s'attacher les muscles radicaux de la trompe, instrument admirable qui transmet à l'Eléphant la suavité des odeurs, et lui fait connoître la dureté ou la mollesse des objets qu'il touche, aspire ses boissons et pompe cette provision d'eau dont je viens de parler ; ce qui nécessite, au-dessus, cette masse bombée de chair qui se voit planche IV d'une manière si sensible, à la naissance de la trompe et entre les yeux du mâle.

On remarque l'espace osseux qui s'étend de la lettre H à la lettre L dans les fig. 1, 2 et 3, et, de K à I dans la fig. 4, espace, où sur un fond osseux, se trouve solidement établie la partie la plus forte de la trompe.

La cavité où s'enchasse l'organe de l'ouie est sensible aussi dans toutes ces têtes, mais par une particularité singulière, on n'y trouve point, comme dans le plus grand nombre des quadrupèdes cet enfoncement orbiculaire où l'œil est ordinairement placé. Dans les Eléphans ce précieux organe est situé au milieu des chairs à l'endroit F de la fig. 2,

On voit bien sensiblement encore avec quelle solidité est faite l'insertion des défenses dans la tête de cet animal, au point E des squelettes fig. 1, 2, 3 et 4. Elles sont logées dans une espèce d'alvéole ou tuyau, et enfoncées sous cette enveloppe jusqu'à 16 centimètres 2 millimètres ; 24 centimètres 2 millimètres ; 32 centimètres 4 millimètres (6, 9 et même 12 pouces) de longueur, selon l'âge des individus. Les défenses, à mesure que les Eléphans vieillissent, acquièrent une plus grande force, ainsi qu'une plus grande étendue, et il a été observé que l'Eléphant femelle de Versailles avoit les siennes tellement vigoureuses en 1661 (1), qu'il s'en étoit servi pour creuser dans les murs de son habitation des trous d'une certaine profondeur, ou par suite, plaçant avec précaution ces mêmes défenses, il s'en formoit un point d'appui pour soutenir et reposer sa tête.

Le crâne des Eléphans est beaucoup plus grand qu'il ne faudroit pour contenir le cerveau ; tout l'intervalle de ses deux parois est occupé par une multitude de grandes cellules qui communiquent avec l'intérieur du nez, et qui servent, dit-on, à donner de l'étendue à l'organe de l'odorat. La trompe ne sent point par elle-même les odeurs, elle les transmet seulement, comme nous l'avons dit : l'usage que l'animal en fait pour pomper les liquides, n'auroit pas permis que sa membrane interne fût assez fine, assez délicate pour cela ; elle n'est donc que le conduit des vapeurs odorantes.

A ces caractères communs à toutes les têtes qui sont sous nos yeux, s'en joignent, ainsi que je l'ai annoncé, quelques-uns de particuliers et de spéciaux suivant le pays dont ces animaux sont originaires, et ils sont de même faciles à saisir.

Jetez en effet successivement un coup-d'œil sur les fig. 1 et 2 qui offrent de profil fig. 1, et en face fig. 2, une tête d'Eléphant d'Afrique, et sur les fig. 3, 4, 5 qui présentent soit en profil, soit en face, soit dans

_____

(1) *Voyez* les Mémoires de l'Académie.

sa coupe transversale une tête d'Eléphant d'Asie, vous verrez d'abord
que la mâchoire inférieure A de la tête, fig. 2, est beaucoup plus large
que celle de la fig. 3. Vous remarquerez que, dans la fig. 2, l'évasement B, B, de cette mâchoire inférieure A, est presque égal à celui de
la partie supérieure du crâne C, C, tandis que dans la fig. 3 ce même
évasement de la mâchoire A est beaucoup plus étroit que celui de la
partie supérieure du crâne. Dans la tête de l'Eléphant d'Afrique, la ligne
qui trace le contour de la mâchoire et du crâne, offre la forme du
coffre d'une guitarre; cette même ligne dans la tête de l'Eléphant
d'Asie, offre celle du coffre d'un violon.

La suture L, H, de la fig. 2 est très-apparente; dans la fig. 3, sur
la partie L, H, on la voit peu.

Mais un caractère bien différentiel entre ces deux têtes, est celui
de la ligne du profil. Tracez en effet un cercle dont le diamètre ait
la hauteur du squelette de ces têtes; circonscrivez ces têtes dans ces
cercles comme elles sont circonscrites dans les fig. 1, 4, 5, et vous
verrez que le squelette de la tête de l'Eléphant d'Afrique, fig. 1, touche
par très-peu de points, tels que M, N, L, à la circonférence du cercle,
tandis que le squelette de la tête de l'Eléphant d'Asie, fig. 4 et 5 y
touche dans un très-grand nombre de points. La forme principale de
la première de ces têtes est beaucoup plus inclinée en arrière et plus
allongée que celle de la seconde.

Si l'on examine les dents, fig. 6 et 7, et celles, fig. 8 et 9, dont les
premières ont appartenu à un Eléphant d'Afrique, et les secondes à un
Eléphant d'Asie, on trouve encore des différences essentielles qui,
aux yeux des naturalistes, servent à distinguer celui de ces pays d'où
viennent les Eléphans que l'on observe.

Les dents molaires, figures 6 et 7, sont représentées, la première
debout, la seconde couchée, et montrant ce que l'on appelle la couronne. Celle qui est debout a 14 centimètres 2 millimètres de hauteur
à prendre de l'extrémité de sa racine au point supérieur de sa cou-

ronne ; et dans celle qui est couchée, la couronne a 15 centimètres et demi de longueur, fig. 7.

Les proportions des dents, fig. 8 et 9, sont, pour celle qui est debout, de 17 centimètres de hauteur, et pour celle qui est couchée, de 21 centimètres de longueur à la couronne.

On aperçoit aisément, fig. 9, les éminences qui se trouvent sur cette dent, et qui forment des espèces de carrés losanges qui, en sens directs, en occupent la longueur. Ces éminences, ces aspérités sont les parties les plus dures de la dent. L'ivoire en est très-fin et très-compact, et l'on conçoit facilement que lorsque deux instrumens de cette espèce, mus par une mâchoire telle que celle de l'Éléphant, dont on peut voir la force et la grandeur lettres G, G, fig. 1, 2, 3, 4, 5, agissent l'un sur l'autre, il est peu de corps qui puissent leur résister et ne pas être broyés par eux.

Les éminences qui sont en losange sur la couronne de la dent, fig. 9, sont très-différentes de celles de la dent, fig. 7, et cette différence est une de celles qui caractérisent l'Éléphant d'Afrique, et le distinguent de celui d'Asie.

M. Cuvier, dans son Histoire des animaux du Muséum, dit :

Les dents molaires de l'Éléphant ont une manière toute particulière de se développer ; chacune d'elles est un composé d'un certain nombre de dents partielles placées à la file les unes des autres, très-minces d'avant et en arrière ; mais occupant dans le sens traversal toute la largeur de la dent totale ; ces dents sont toutes complettes, toutes munies de leur substance osseuse et de leur substance émailleuse, et ayant leurs racines propres, avec leurs ouvertures ordinaires pour les nerfs et les vaisseaux. Elles se soudent au moyen d'un ciment particulier. Chacun de ces germes présente à son sommet une suite de pointes obtuses séparées par des sillons ; mais lorsqu'ils sont sortis, ces pointes s'émoussent par le frottement de la mastication, elles se changent d'abord en autant de cercles de matière osseuse entourés d'émail ; et

en

en s'usant encore plus avant, ces cercles se confondent et finissent par former un ruban osseux au milieu, émailleux à ses bords, qui n'est autre chose que la coupe transverse de la dent partielle qui s'est usée par degrés : pendant que la dent générale diminue ainsi à sa partie supérieure ; elle s'allonge par en bas, et on trouve aux vieilles dents des racines longues et distinctes, tandis que les nouvelles n'en ont pas du tout. La manière dont les dents se remplacent n'est pas moins curieuse : les premières molaires ne sont qu'au nombre de quatre, une de chaque côté dans chaque mâchoire ; au bout de quelque temps il s'en développe quatre autres, non par dessous, mais par derrière. L'Eléphant en a alors huit en tout ; mais les secondes poussent petit à petit les premières en avant, et finissent par les faire tomber tout-à-fait ; alors il n'en a de nouveau que quatre. C'est l'instant où de nouvelles paires commencent à pousser, qui font tomber à leur tour celles qui les ont précédées : cette succession se répète sept à huit fois pendant la vie de l'animal. Chaque dent nouvelle est plus grande que l'ancienne, se compose d'un plus grand nombre de dents partielles, et a besoin d'un temps plus long pour se développer.

Comme les Eléphans ont fait une partie des forces des princes de l'Asie, et qu'ils les employoient dans leurs armées, le même esprit qui fit inventer les armes meurtrières dont l'homme se sert pour détruire ces armées, qui fit trouver le défaut que pouvoit offrir la cuirasse, afin de pouvoir percer celui qui s'en revêtissoit, fit découvrir aussi l'endroit par où la mort pouvoit entrer dans ce colosse cuirassé par la nature.

Et si *Cassiodore* compare à un os impénétrable la peau de cet animal ; si *Oppien* la croit à l'abri des pointes acérées et du tranchant de l'acier le mieux trempé ; si comme le dit *Lucien*, les flèches lancées sur lui s'y attachent sans pouvoir le blesser (1), Tite-Live rap-

(1) Effectivement, une flèche lancée sur certaines parties de derrière la tête, comme au point marqué Z, pourroit s'y planter, sans que l'animal fût essentiellement affecté.

17.

porte que les soldats Romains étoient parvenus à le blesser, en le frappant au-dessous de la queue.

Mais l'auteur de la description de l'Eléphant qui étoit à Versailles en 1768, parlant de sa tête, indique une partie bien autrement foible encore. Tandis, nous dit-il, que le crâne de l'Eléphant donne à son cerveau, de tous côtés, une couverture capable de rendre nuls les coups qui pourroient lui être portés derrière la tête, au milieu (en O, fig. 5) l'os n'a pas l'épaisseur d'une demi-ligne; la blessure que cet animal recevroit par cet endroit deviendroit mortelle, et quelque légère qu'elle parût, il périroit à l'instant. Aussi cet endroit est-il, au rapport des historiens, celui par lequel on parvient à le faire mourir, quand sa fureur exige qu'on emploie cette ressource fatale pour en éviter les dangers. Leurs conducteurs, dans ces circonstances, les immolent en leur enfonçant un dard ou pointe dans cette partie délicate. Ces écrivains auroient pu ajouter la cavité I, où se fait l'insertion des muscles de la trompe.

Après ces détails sur les facilités de donner la mort aux Eléphans dans des circonstances pressantes, il ne sera peut-être pas mal-à-propos d'annoncer ici la mort naturelle de Hans, arrivée le 16 nivôse an X. Ce fut une violente inflammation de poitrine qui la lui causa, peu de temps après mes dernières observations faites sur les gravures d'après nature, afin d'y réunir le plus grand nombre possible de vérités d'imitation.

Je viens d'apprendre aujourd'hui 15 floréal an XI, que son squelette est consolidé de manière à se conserver long-temps, et qu'on a fait en outre un simulacre de sa masse osseuse et musculaire, pour le revêtir de la peau, et refaire le simulacre bien parfait et durable de ce beau colosse. Cette peau pesoit, après avoir été enlevée de dessus son corps, 568 livres. Hans, après être mort, a été pesé : avant de l'anatomiser, il pesoit 6000 livres.

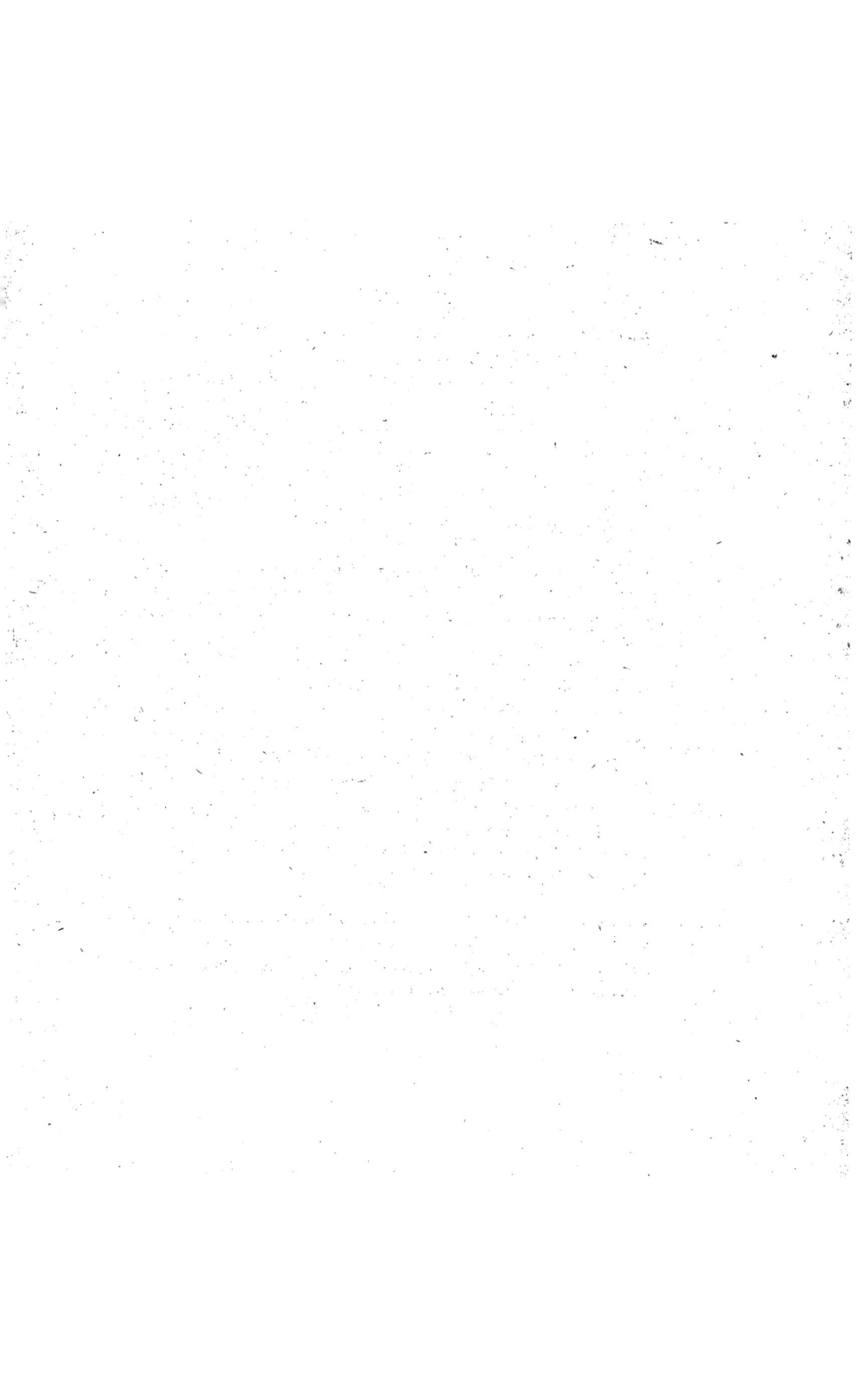

Pl. VI

Fig. 3.

Fig. 2.

Fig. 1.

Fig. 4.

Fig. 5.

Fig. 6.

Fig. 7.

Dessiné et Gravé par J.P.Houël.

Squelette total de l'Éléphant, *Fig. 1.*

comparé à celui du Cheval, *Fig. 2.*

et mesures générales du corps et des membres de l'Éléphant, *Fig. 4. 5. 6. 7.*

PLANCHE VIII.

*Du squelette total de l'Eléphant, comparé avec celui du
Cheval, et des proportions générales et particulières de
l'Eléphant.*

Il n'est personne qui ne remarque de grandes différences entre
certains mouvemens, certaines positions de l'Eléphant, et les mouvemens, ainsi que les positions des autres animaux, dont nous
sommes plus habituellement environnés. Souvent nous attribuons la
cause de cette différence à la pesanteur de cet animal, tandis qu'elle
n'est tout naturellement que la suite de la configuration de sa charpente osseuse.

Pour en convaincre mes lecteurs, je me suis déterminé à étudier et
à dessiner le squelette de l'Eléphant mort en 1781, que l'on conserve
au Muséum d'Histoire naturelle, et de leur en présenter la gravure.
J'y ai voulu joindre encore celle du squelette du Cheval, le plus beau
de nos animaux domestiques, pour faire mieux sentir la différence de
leur structure, cause de la disparité de leurs mouvemens et de leurs
attitudes.

Ces deux squelettes sont représentés dans cette planche, fig. 1 et 2.

Le squelette de l'Eléphant offre à ceux qui l'examinent une grande
différence avec celui du Cheval, à ne les considérer qu'à la tête.
Cette tête, attachée à une longue suite de vertèbres dans le Cheval,
peut facilement avoir les beaux mouvemens que cet animal déploie
quand il l'alonge dans sa course; quand il la relève avec fierté, soit
au milieu des prés où il est en liberté, soit dans les fêtes et les

pómpes solennelles, auxquelles il semble prendre part; enfin, quand il la baisse pour boire et prendre sa nourriture. Cette tête offre même encore de l'intérêt, lorsqu'elle s'appesantit sous le poids des ans, des maladies ou de la tristesse.

Chez l'Eléphant, au contraire, la suite de vertèbres qui, sortant du corps, va jusqu'à la tête, à raison de leur configuration, n'est, pour ainsi dire, qu'une espèce de pivot sur lequel la tête roule sans pouvoir s'abaisser jusqu'à terre, où cet animal ne pourroit pas atteindre sans le secours de sa trompe.

L'Eléphant est majestueux dans son ensemble, plutôt que noble dans ses attitudes. Sa tête n'a point cette forme élégante que l'on remarque dans celle du Cheval; mais elle présente une masse plus imposante que ses défenses rendent redoutable.

Je l'ai dessinée séparément fig. 3, pour faire remarquer la suture L, K, qui caractérise, ainsi que je l'ai dit dans l'article précédent, les Eléphans d'Afrique de ceux d'Asie,

Mais une différence plus considérable que celle que l'on rencontre dans la tête de ces animaux, est celle qu'offre la structure de leurs jambes, qui, dans la classification savante des squelettes que possède le Muséum d'Histoire naturelle, a fait placer l'Eléphant et le Cheval dans deux classes bien distinctes (1). Cette différence est sensible.

(1) Dans la galerie des squelettes du Muséum d'Histoire naturelle à Paris, il y avoit deux rangées de squelettes distinguées l'une de l'autre, en ce que, celle à gauche en entrant étoit composée de quadrupèdes qui ont aux jambes de devant et de derrière trois étages d'os ou articulations; c'est-à-dire l'os du bras qui entre dans la cavité de l'omoplate; le second l'avant-bras, et un autre qui fait métacarpe avec un petit qui sert de phalange à celui qui entre dans la corne du sabot. Ces squelettes étoient ceux du Chameau, du Dromadaire, du Cheval, du Taureau, du Buffle, du Cerf, de l'Elan, du Chevreuil, du Carracou, du Cochon, du Bouc, du Mouton, etc.

Les squelettes qui étoient à droite, qui provenoient de l'Eléphant, du Rhinocéros, du Lion, du Tigre, du Léopard, de l'Ours, de la Hyenne, du Cougard, du Caracal, du Tapier d'Amérique, etc., etc., se distinguoient de ceux de l'autre rangée plus particulièrement, parce qu'ils n'avoient que deux os depuis les omoplates et les os du bassin jusqu'aux pieds, sans comprendre le métatarse et le métacarpe,

Le

Le Cheval (fig. 2), offre trois os à chacune de ses jambes, soit de devant D, B, C, soit de derrière L, H, I, sans compter le petit os qui tient à celui qui s'insère dans le sabot. L'Eléphant n'en a que deux à chaque jambe, EE, FF, GG, MM, et la structure de ces os, bien éloignée de celle du Cheval, indique pourquoi cet animal ne peut pas s'agenouiller comme lui. Que l'on considère en effet (fig. 1) les saillies intérieures FF qui se trouvent à la tête de l'os d'en bas, et l'on sentira qu'il ne peut pas, avec des os ainsi configurés, exécuter des mouvemens que le Cheval peut faire; les os B, B, que celui-ci avance, tandis que l'articulation AA facilite, aux os d'en bas CC, le moyen de se tenir en arrière, explique le mécanisme de l'agenouillement, que l'on voudroit en vain faire exécuter à l'Eléphant, parce qu'il lui manque l'os CC du Cheval d'une grandeur proportionnelle à ceux qu'il a comme lui, et parce que la saillie de la tête de l'os K au point F, ne peut lui permettre de la porter en avant.

Puisque j'ai mis la charpente osseuse de l'Eléphant sous les yeux de mes lecteurs, je dois au moins, pour les distraire de ce spectacle peu gai, leur dire qu'avec ces os on fait, dans l'Indoustan, des émaux blancs d'une éblouissante beauté, dont on fabrique des bijoux d'un grand prix.

Après avoir parlé de la structure osseuse de l'Eléphant, je vais présenter les contours de sa forme générale, vue sous différens aspects, pour établir les dimensions de sa masse en hauteur, en longueur, en largeur. Ces dimensions, faciles à prendre sur un squelette immobile (1), ne le sont pas de même sur cet animal vivant, qui est

---

(1) Le squelette a, du devant du front à la queue, deux mètres quarante-cinq centimètres et demi, ou sept pieds et demi; du dessous de la tête dans son état naturel jusqu'à terre, deux mètres vingt-un centimètres, ou sept pieds deux pouces, et les défenses, de leur insertion à leur extrémité, soixante-trois centimètres, ou deux pieds trois pouces. *Voyez* fig. 1.ʳᵉ, planche VIII.

sans cesse en mouvement, et change continuellement de position.
Je ne me serois pas même hasardé à les prendre, ces dimensions, si
je n'avois pensé qu'on seroit flatté de les connoître et d'en faire
usage, en les comparant avec celles que pouvoient avoir nos deux
Eléphans lors de leur arrivée chez le stathouder (1), et à celles enfin
où ils pourront atteindre, pour conjecturer quelle peut être la marche
de leur accroissement dans nos climats.

La trompe, dans son développement horizontal, en le prenant
perpendiculairement à l'angle de la bouche (voyez fig. 4) jusqu'au
doigt sans le comprendre, est de quinze décimètres sept centimètres
(ou quatre pieds dix pouces).

De la bouche au derrière de la tête, on compte six décimètres
(ou vingt-deux pouces), et de la queue au commencement du cou,
vingt-huit décimètres et demi (ou huit pieds six à dix pouces). Cette
mesure de la longueur du corps, n'est pas toujours la même, l'Eléphant courbant souvent son dos qu'il élève; ce n'est plus que la
couche qui puisse avoir cette étendue : en le mesurant en ligne droite,
il ne l'a plus. Au surplus, ce n'est que dans leur jeunesse que les
Eléphans courbent ainsi leur dos. Plus ils avancent en âge, moins ce
dos à de courbure, et d'après ce que m'ont dit des personnes qui ont
soigneusement observé ces animaux dans les pays où ils naissent,
quand ils sont très-vieux le dos est droit, ou même quelquefois
courbé en sens contraire.

Le diamètre de son épaisseur, de l'extérieur d'un des côtés de la
panse à l'autre, est d'un mètre deux décimètres huit centimètres (ou
quatre pieds quatre pouces), soit qu'on le considère par-devant, soit
qu'on prenne cette mesure par derrière. La femelle offre une petite

---

(1) Les Eléphans du Muséum, à leur arrivée chez le stathouder, pouvoient être de la grandeur d'un âne ordinaire.

différence en augmentation d'environ dix centimètres onze centimètres (ou 4 pouces) (1).

J'ai pris encore d'autres mesures, telles que celles de l'étendue qui se trouve entre l'œil et le derrière de l'oreille, entre la bouche et le derrière de la mâchoire, entre le ventre et la terre, entre le bout et la naissance de la queue : ces dimensions, je les ai marquées, fig. 4 de cette planche.

L'intervalle qui se trouve entre les deux oreilles, entre les deux yeux, entre le dessus de la tête et le dessous de la mâchoire, ainsi que le diamètre de la trompe, se voyent mesurés sur la fig. 6.

_____

(1) Pour juger de l'accroissement de cette femelle, s'il y en a sensiblement depuis les premières observations; je l'ai mesurée aujourd'hui 15 floréal an XI; elle a conservé, à très-peu de chose près, le même diamètre.

Elle a de hauteur de dessus la terre au-dessus du garot, 7 pieds 7 pouces, ou 22 décimètres et 7 centimètres;

De dessous le ventre à terre, 2 pieds 10 pouces, ou 9 décimètres 6 centimètres.

La longueur de la trompe, à partir de la naissance des défenses à son extrémité inférieure, 4 pieds 9 pouces, ou 15 décimètres 7 centimètres;

De l'occiput où s'attachent les vertèbres du cou, à la naissance de défenses, 3 pieds 7 pouces;

De ce sommet jusqu'à l'œil, dans la même direction, 2 pieds, ou 6 décimètres 5 centimètres;

Depuis le dessous de la mâchoire, passant par l'œil jusqu'au front, 2 pieds 3 pouces, ou 7 décimètres 5 centimètres;

Et lorsque de profil on considère la tête ayant la bouche ouverte, cette tête a de diamètre du dessous de la mâchoire au sommet du front, 2 pieds 6 pouces, ou 8 décimètres 1 centim.

La longueur de la queue est actuellement (je dis actuellement, parce que cette queue n'est pas entière; elle a été mangée un peu par Hans dans certains accès d'amour. Le cornac Tomson, qui m'a rapporté le fait, m'a dit qu'elle n'avoit pas perdu plus de trois à quatre pouces de sa longueur en tout, et qu'il avoit observé, que dès le temps de leur habitation en Hollande, il l'avoit déjà mangée un peu à plusieurs fois); elle a aujourd'hui 3 pieds 4 pouces, ou 1 mètre 9 centimètres.

La longueur totale du corps, à partir de la naissance de la queue jusqu'au devant de l'épaule, le bas de l'omoplate a 6 pieds 10 pouces, ou 2 mètres 32 centimètres et demi de longueur, et la circonférence de son corps, prise à l'endroit le plus saillant de chaque côté, est de 14 pieds 4 pouces, ou 4 mètres 7 décimètres 6 centimètres.

PLANCHE IX.

De la trompe de l'Eléphant, de ses proportions, de son méca-
nisme et des différences qu'elle peut avoir chez le mâle et
chez la femelle.
Des pieds et des jambes du même animal.

~~~~~~~~~~

Dans les articles précédens, j'ai donné les dimensions en longueur
et en largeur de la trompe de l'Eléphant. J'ai parlé de la dextérité
avec laquelle cet animal en faisoit usage, et j'ai décrit la manière
dont il s'en servoit pour ramasser les alimens qu'on lui présentoit, et
dont il aspiroit les boissons qu'on lui donnoit. Je vais entrer ici dans
de plus grands détails. Je ferai voir les différentes particularités que
peut offrir cet instrument si utile et si admirable ; les variétés qu'ont
entr'elles la trompe du mâle et celle de la femelle; et je joindrai, à
ces observations, celles que j'aurai pu recueillir sur sa conformation
intérieure et son mécanisme.

La trompe de l'Eléphant, qui est d'une étonnante longueur, d'une
grosseur décroissante depuis sa naissance jusqu'à son extrémité, et
d'une souplesse merveilleuse, sert à cet animal comme un bras peut
servir à l'homme, et l'une de ses parties fait, pour lui, les fonctions
que fait pour nous la main,

Que l'on considère, en effet, cette trompe, fig. 3 de la planche IX,
on y remarquera une prolongation musculaire en forme de doigt A,
destinée visiblement à saisir ce qu'elle peut atteindre ou qu'on lui présente ; une espèce de talon H, qui serre solidement ce qu'il tient, et

tient

Pl. IX

Fig. 1. Fig. 2. Fig. 3. Fig. 4. Fig. 5. Fig. 6.

de la femelle. du mâle.

Fig. 7.

Coupe de la trompe de l'Eléphant.

Fig. 8. Fig. 9.

Pied de derriere. Pied de devant.

Fig. 10. Jambes du mâle. Fig. 11.

Jambes de la femelle

Dessiné et Gravé par J.P.Houel.

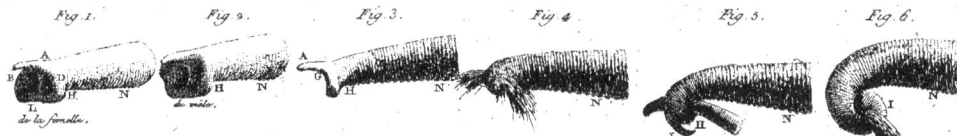

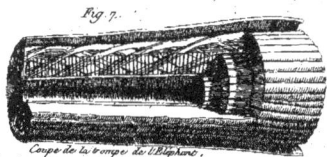

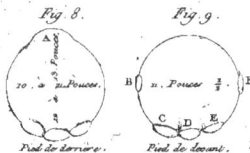

Trompe de l'Eléphant femelle Fig. 1. Trompe du mâle Fig. 2. et 3. 4. 5. 6.

Coupe d'une trompe Fig. 7.

Plans des pieds de devant et de derriere Fig. 8. et 9.

Jambes du mâle et de la femelle. Figures 10 et 11.

entre le doigt et ce talon, l'espace G , où quelquefois l'aspiration seule attache les objets.

En différentes circonstances, j'ai été témoin de ces divers emplois de la trompe.

Un jour sur-tout, pendant le cours spéculatif des visites que je rendois à ces animaux au Muséum d'Histoire naturelle, *Hans* (on se souvient que c'est le nom du mâle) me voyant le considérer attentivement en face, alongea vers moi sa trompe à travers les barreaux de sa loge ; j'interprétai ce geste pour celui de quelque demande ; je regardai autour de moi, cherchant si je n'aurois pas de quoi le satisfaire : une botte de carottes frappa mes yeux ; je la pris, et, par un choix combiné, je ne lui donnai d'abord que la plus petite ; il s'en aperçut, ne la dédaigna pas, mais voulut me faire sentir qu'un si petit objet n'offroit point un mets suffisant à son appétit ; qu'il ne méritoit pas les frais d'un mouvement considérable qu'il eût fallu faire pour le porter à sa bouche, et qu'il avoit des espérances plus étendues. Il prit donc la petite carotte avec le doigt A de la fig. 3, et courbant ce doigt en volute avec beaucoup de facilité, il la déposa derrière le talon H de la même figure, et la tint comme on le voit lettre H, fig. 5 ; puis il me présenta de nouveau sa trompe tendue vers moi : je compris ce langage, je lui servis une seconde carotte semblable à la première, qu'il prit et déposa de la même manière et au même endroit. Ce ne fut qu'après avoir reçu la troisième, qu'il les réunit et les porta toutes trois à-la-fois dans sa bouche.

Je répétai plusieurs fois mon stratagème, et plusieurs fois *Hans* recommença son manège ; mais les carottes devenant plus fortes, il se contentoit de deux pour les porter à sa bouche; la plus grosse y fut portée seule.

Dans la figure 4, j'ai voulu peindre la manière dont il prenoit le foin ou quelqu'autre chose de même nature. Le foin est placé entre le doigt A de la fig. 3 et le talon H dans l'espace G où il est serré,

19

Dans la figure 6, mon but a été de faire voir l'enroulement I complet de la trompe, quand elle veut embrasser ainsi quelque chose avec force, ou quand ce que veut cet animal est difficile à avoir.

La trompe ne borne pas les secours dont elle peut être à l'Eléphant, aux seuls objets qui peuvent faire partie de sa nourriture ; elle le seconde dans ses besoins, comme dans ses plaisirs, et ce n'est point sans motifs que je l'ai comparée au bras et à la main des hommes. C'est avec la trompe qu'il se défend ; qu'il se venge ; avec elle, il frappe, il caresse.

Il faut voir les Eléphans, comme je les ai vus moi-même, dans les accès de leur tendresse ; ils se promènent mutuellement leurs trompes sur les différentes parties du corps ; de leurs doigts, il se caressent la bouche, le tour des yeux, les parties les plus délicates et les plus sensibles. La peau qui, sur la surface inférieure de cet instrument (fig. 1, 2, 3, 4, 5, 6, lettre N), forme des espèces de rides, nécessaires vraisemblablement pour qu'il puisse s'étendre et se recourber avec plus de facilité, comme sont nécessaires à ce développement des mouvemens de nos doigts ces rides que l'on remarque au-dessus de nos phalanges, la peau, dans ces rides même, leur présente un moyen de se procurer de voluptueux chatouillemens. On verra plus loin comment ces animaux usent de leur trompe dans leurs jeux, dans leurs combats, dans leurs travaux.

Si la trompe, chez les Eléphans, leur procure les avantages de nos bras et de nos mains, elle est aussi pour eux un nez majestueux, canal officieux qui porte les odeurs au sens que nous appelons odorat, à l'aide duquel ces animaux sont avertis des objets qu'ils approchent, et peuvent éviter ceux qui ne leur conviendroient pas.

C'est encore une pompe utile qui leur sert à remplir le vaste magasin de leur tête de toute l'eau nécessaire pour les courses longues qu'ils peuvent entreprendre. C'est un arrosoir commode, avec lequel ils jettent sur leurs corps l'eau qui doit les nettoyer ou les rafraîchir, comme on le verra plus amplement lorsque je parlerai de leurs bains.

La trompe, chez le mâle, a quelques caractères qui la distinguent de celle de la femelle. Elle est plus longue de 16 centimètres, 3 millimètres (6 pouces), longueur qui varie suivant les circonstances ; à son extrémité, son doigt est plus court de quelque chose ; et à l'espèce de *grouin* qu'elle présente, pour me servir de l'expression de Buffon, la partie supérieure est plus large (Voyez fig. 2) qu'elle ne l'est dans la femelle chez laquelle c'est la partie inférieure que l'on voit plus élargie. (Voyez fig. 1.)

Tout ce que je viens de dire de la trompe des éléphans, est extérieur, et peut être observé par ceux qui les suivront dans tous leurs mouvemens, comme je l'ai fait ; mais, pour connoître le mécanisme qui fait produire à cet instrument tous les effets que l'on en admire, il faut l'étudier anatomiquement sur des individus qui n'existent plus. C'est ce qui m'a déterminé à citer ce qu'a dit le cit. Cuvier, professeur au Muséum d'Histoire naturelle, et membre de l'Institut national de France, dans la description anatomique de cet animal qu'il vient de publier (1).

De la trompe de l'Eléphant, d'après Cuvier.

« LA TROMPE est formée par un prolongement membraneux des tubes des narines, garni de muscles, et revêtu extérieurement d'une membrane tendineuse et de la peau.

Les muscles qui la meuvent sont de deux sortes ; des longitudinaux divisés en une multitude d'arcs, dont la convexité est en-dehors et dont les deux bouts adhèrent à la membrane interne ; et des transversaux qui vont de la membrane interne à l'externe, comme les

---

(1) Je faisois mes observations sur les Eléphans, tandis que ces deux animaux vivoient encore, et j'avois cru devoir citer ici la description qui se trouve dans les Mémoires de l'Académie des Sciences, tome III, partie III, page 139, année 1660. Mais Hans étant mort....., et le cit. Cuvier en ayant fait la description anatomique, j'ai dû naturellement la préférer ; mais je laisse substituer la représentation fig. 7, prise dans Perrault.

rayons d'un cercle , ces derniers rétrécissent l'enveloppe externe
sans former le canal interne..... avantage que les muscles cir-
culaires n'auroient pas eu par cette action ; ils alongent la trompe
en forçant les muscles longitudinaux de s'étendre. Ceux-ci en se
contractant raccourcissent la trompe , soit en totalité , lorsque tous
agissent , soit par partie , et cela d'un ou de plusieurs côtés , et dans
une ou plusieurs portions de sa longueur , ce qui produit toutes les
courbures imaginables dans un ou plusieurs plans , et même en ligne
spirale, régulière ou irrégulière , mécanisme en même temps le plus
simple et le plus fécond qu'il soit possible d'imaginer. Cette trompe
est si robuste qu'elle peut arracher des arbres , ébranler des bâtimens,
lancer des masses considérables , et que l'éléphant étouffe aisément
un homme entre ses replis ».

Dans la même planche IX, j'ai réuni les jambes et les pieds de cet
animal colossal,

Le mâle et la femelle que j'avois sous les yeux ne m'ont offert
entr'eux de variété que celle qui pouvoit provenir du plus ou du moins
d'embonpoint. Leurs jambes m'ont paru semblables , sinon que les
peaux moins remplies de chair chez le mâle , formoient plus de rides,
Quant aux formes générales, elles étoient les mêmes.

Les pieds de devant, soit du mâle, soit de la femelle , ont cinq
ongles, dont trois sont placés en devant, et les deux autres aux deux
côtés, Aux pieds de derrière, il n'y a que trois ongles qui sont en
devant : à l'endroit où seroient les deux autres, on en voit bien quelqu'apparence , mais il n'y a que les phalanges , et non les petites
cornes, dont la place est recouverte par la peau qui les cache : ce qui
fait qu'au squelette on trouve réellement les cinq doigts comme aux
pieds de devant quoiqu'ils n'y soient point visibles,

Une observation essentielle que je tiens du cornac Tompson, c'est
que les ongles des pieds du mâle ne lui ont poussé qu'au moment où
il en est devenu gardien , l'animal pouvant avoir dix ans. Jusqu'à ce
moment

moment, ses pieds, ainsi que ceux de la femelle, étoient ronds dans leurs contours, sans aucune apparence d'ongles. Celui du milieu des pieds de devant a commencé à se faire apercevoir; quatre à six mois après, ceux des côtés se sont montrés, puis un an ou environ s'est passé, et l'ongle du milieu des pieds de derrière a paru, et les autres ensuite se sont montrés aux mêmes intervalles.

Ce ne fut qu'un an après la croissance des ongles du mâle, que parurent ceux de la femelle et de la même manière à-peu-près.

D'après cette marche de la nature, il se pourroit que les ongles qui ne se voient point aux côtés des pieds de derrière de nos éléphans, parussent un jour, quand ils seront parvenus à une plus grande maturité.

On peut voir, fig. 10, les jambes du mâle; et fig. 11 celles de la femelle. Le plan du pied de devant, fig. 9, qui offre l'image d'un cercle sur lequel les doigts sont en saillie, indique parfaitement la disposition et le nombre de ces doigts qui sont clairement au nombre de cinq : B, C, D, E, F.

Le plan du pied de derrière, fig. 8, ne diffère, comme on le voit, de l'autre, que parce que le cercle s'allonge (d'un pouce) de deux centimètres 7 millimètres à l'opposé des doigts, en forme de talon A. On y retrouve la preuve de ce que l'on vient de dire, que les doigts de côté ne s'y aperçoivent pas. Les pieds de derrière sont aussi visiblement plus étroits que ceux de devant. Ceux-ci ont environ 32 centimètres, 6 millimètres (ou 12 pouces) de diamètre; les autres, qui ont la même mesure au grand diamètre, n'ont au petit que 30 centimètres, 2 millimètres (ou 11 pouces).

Ce plan représente proprement dit ce que l'on appelle la plante du pied qui, chez l'éléphant, est garnie d'une semelle épaisse, semblable à de la corne, et qui a cette consistance qu'exige le poids du colosse qu'elle porte.

20

PLANCHE X.

Des parties sexuelles de la femelle et du mâle chez les Eléphans.

J'ai déjà présenté à mes lecteurs la figure de l'éléphant mâle et celle de l'éléphant femelle. Ils ont pu voir pl. II, comment au premier aspect, on pouvoit les distinguer l'un de l'autre ; mais j'ai cru devoir faire connoître plus particulièrement les parties sexuelles de ces animaux qui éprouvent quelques changemens, suivant les dispositions plus ou moins éloignées où ils sont pour les actes qu'exige la génération.

Commençons par la femelle. On a déjà remarqué, pl. II, que, vûe par derrière, elle présentoit au-dessous de la queue, une espèce de draperie suspendue pour ainsi dire aux deux fesses, qui se resserre par des plis multipliés vers son extrémité inférieure. J'ai eu soin dans la pl. X, où j'ai voulu indiquer tous les développemens extérieurs de ces parties, de retracer de nouveau, fig. 3 et fig. 9, cette même draperie, et, par des lignes ponctuées, qui font, pour ainsi dire, traverser par nos regards la masse de ses cuisses, j'ai indiqué les variations de cet organe, suivant les circonstances dans lesquelles l'animal se trouve.

Dans l'état que j'appellerai froid, par opposition aux brûlans accès de l'amour, et quand la femelle est le plus éloignée de ces dispositions génératrices de l'espèce, la vûlve qui est placée au bas de cette draperie de peau, est précisément sous le ventre à l'endroit que j'indique par la lettre D, dans les fig. 3 et 9 ; deux traits D D en montrant

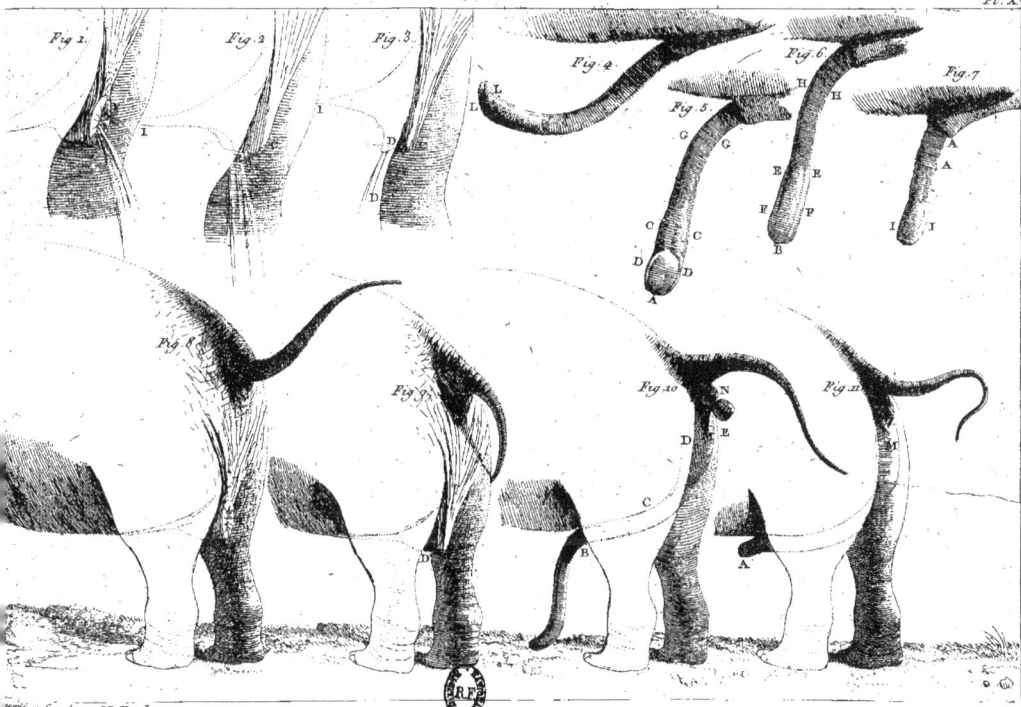

Pl. X

Fig. 1. Fig. 2. Fig. 3. Fig. 4. Fig. 5. Fig. 6. Fig. 7.

Fig. 8. Fig. 9. Fig. 10. Fig. 11.

Divers états des parties sexuelles de la femelle Fig. 1. 2. 3. 8. 9.
et du mâle Fig. 4. 5. 6. 7. 10. 11.

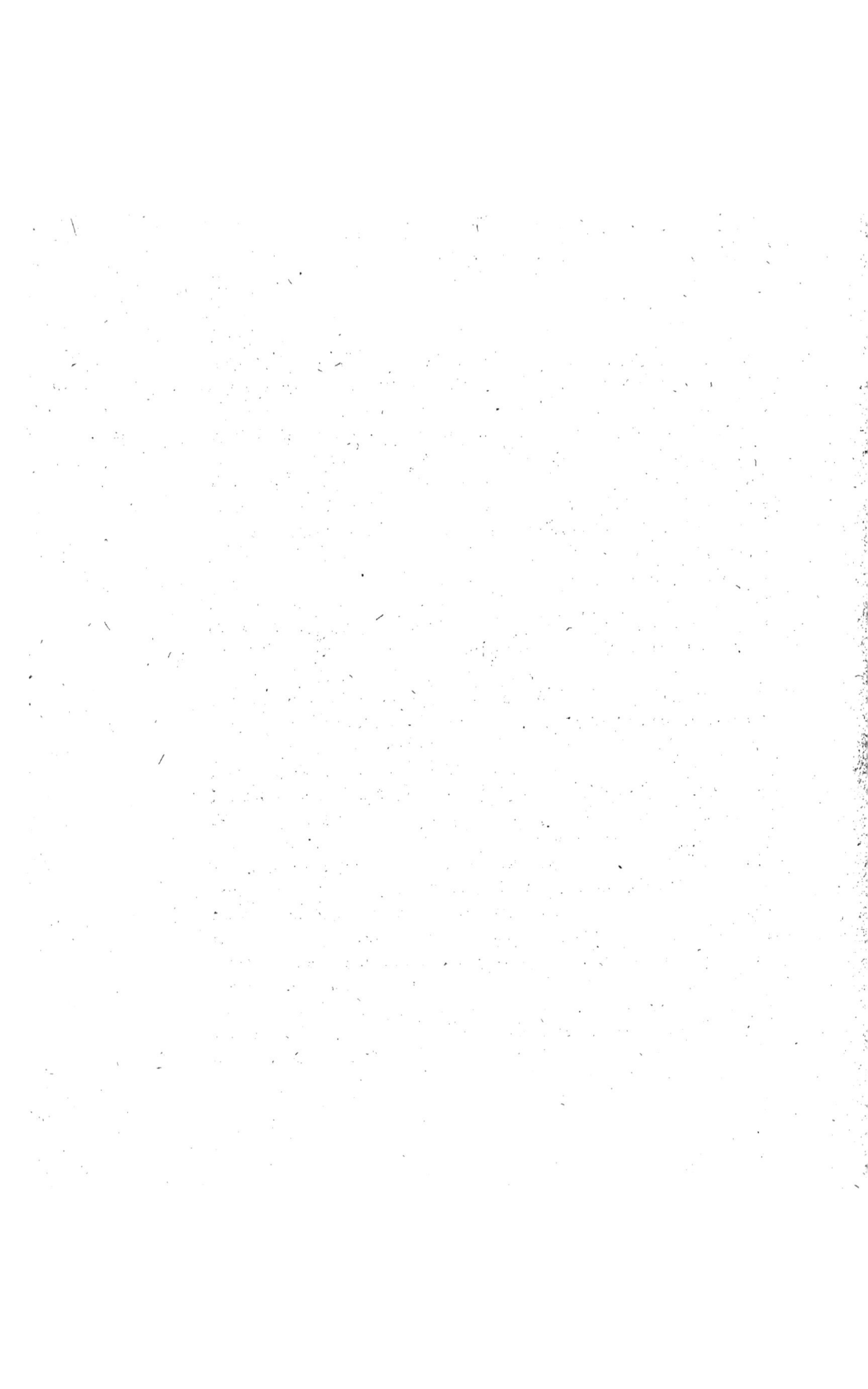

comment tombent les urines, marquent positivement où est le canal.
Toute cette partie D C de la fig. 3 paroît molle, flexible, et s'agite
en raison des mouvemens que peut faire la femelle, en marchant et
en agissant.

Mais éprouve-t-elle la moindre disposition aux plaisirs que la sage
nature a attachés à l'acte nécessaire de la reproduction des êtres, on
s'en aperçoit à l'instant au changement de place de la vulve, qui se
porte sensiblement en arrière, comme on peut le voir fig. 2 de cette
pl. X, lettre E ; et suivant les progrès des besoins et des désirs, elle
s'y place entièrement, ainsi que je l'ai tracé fig. 1 et 8, lettre F, où
elle se fait voir dans une forme ovale de couleur rouge-clair. On y
remarque son ouverture verticale et les plis multipliés qui s'étendent
du centre à la circonférence, et annoncent combien l'orifice de ce
canal est susceptible d'extension dans tous les sens, faculté que demandent et l'approche du mâle et l'accouchement.

Chez le mâle éléphant, l'organe de la génération éprouve aussi des
changemens qui indiquent soit l'état de tranquillité où il peut être,
soit les sensations de l'appétit régénérateur quand elles l'agitent.

Dans ces momens de calme, où la passion ne se fait point sentir,
cet animal ne présente à l'œil que l'extrémité simple d'un canal, il
est vrai proportionné à sa taille, mais qui n'offre point une saillie
très-remarquable, il est tel que je l'ai tracé fig. 11, lettre A. Mais si
des sentimens amoureux agissent sur lui, cet organe passe successivement par trois degrés d'accroissement que j'ai tâché de faire pres-
sentir par les différentes figures que j'en ai faites dans cette pl. X, dont
la fig. 7 exprime le premier de ces accroissemens ; on le voit, grossi
vers l'extrémité ii, s'alonger comme peut le faire une grande lunette
d'approche dont les différens tuyaux semblent être imités par les replis A A que fait la peau. Dans le deuxième de ces accroissemens,
l'organe générateur de l'éléphant, encore plus gonflé vers son extrémité, comme dans la fig. 6, aux points E E, F F, prend la forme

d'un S, ainsi que l'on peut voir fig. 10, lettres ABCD. Dans cet état qui dure cinq ou six minutes plus ou moins, il s'étend jusqu'à terre ; mais bientôt on le voit parvenir jusqu'à son plus haut degré d'accroissement, l'animal en bat avec énergie son ventre, qu'il atteint à une distance très-éloignée de son origine. On peut juger de ce mouvement par l'inspection de la fig. 4. Dans le moment où cet organe est à ce période d'accroissement, les parties D N, fig. 10, et M fig. 11, s'enflent considérablement ; c'est là que sous l'enveloppe qui les couvre, sont enfermés les testicules que remplit abondamment la liqueur séminale qui souvent s'échappe par la sommité de ce canal que termine une petite pointe (A fig. 5, et B fig. 6). Les cornacs m'ont dit s'en être aperçus plusieurs fois pendant le cours de l'été et de l'automne de l'an VII. Ils m'ont ajouté que très-souvent depuis cette époque ils avoient remarqué des épanchemens assez considérables de cette liqueur, qui s'opéroient spontanément, sans que l'animal eût l'air d'y faire attention.

Une tête bien caractérisée se remarque encore au bout de l'organe générateur ; cette tête est vue de face, fig. 5, et telle qu'elle paroîtroit à l'œil, considérée en-dessous des deux cuisses ; elle est vue latéralement et de profil, fig. 4, lettres L L. La fig. 6 la présente telle qu'on la verroit en la regardant entre les jambes de devant.

La position de l'animal pendant mes observations, m'a permis d'examiner en lui souvent l'extrémité d'un autre canal, celui par lequel présentent ses sécrétions solides, et je n'ai pas manqué de l'indiquer fig. 10. On voit sortir ces excrémens dont la forme est celle d'un cylindre de 8 centimètres, 1 millimètre ou 11 centimètres (3 à 4 pouces) de diamètre, d'une longueur égale, mais dont les extrémités sont un peu arrondies.

C'est pour indiquer positivement la place de l'anus près de la queue et caché dans les plis très-profonds de la peau, que j'ai représenté la sortie des excrémens solides chez cet animal.

Pl. XI.

Fig. 1.

Fig. 2.

Dessiné et Gravé par J.ʰ.Houel.

Eléphants couchés et assis.

PLANCHE XI.

Des Eléphans assis et couchés.

~~~~~~~~~~~~~~~

ON m'avoit souvent répété que les Eléphans ne se couchoient point ; que leur masse s'opposoit à ce qu'ils pussent le faire , parce qu'ils ne sauroient comment se relever ; et ce n'étoit , m'avoit-on assuré, qu'avec des cordages et des poulies que l'on pouvoit les replacer sur leurs jambes , quand une fois ils étoient tombés.

Ces assertions', il est vrai , ne m'avoient qu'étonné , sans qu'elles fussent parvenues à me persuader. J'avois trop de confiance dans la nature pour croire qu'elle eût voulu priver les mêmes animaux qu'elle avoit doués d'une si grande intelligence , qu'elle avoit placés au premier rang des quadrupèdes par leur grandeur, des moyens nécessaires pour remplir leurs fonctions animales les plus importantes au besoin que tous ont du repos et du sommeil. Je ne pouvois croire qu'en état de captivité l'Eléphant se trouvât obligé , pour dormir , de s'appuyer contre un mur ou contre les parois de sa cage, et, dans son état libre, contre un arbre ou un rocher.

Aussi parmi les positions sans nombre que je leur vis prendre pendant les deux mois que j'ai passés à les étudier et à les dessiner, une des plus intéressantes pour moi, fut celle où je les vis couchés. Cette découverte satisfaisoit à la fois mes yeux, vengeoit la nature, et je la regardois même comme une récompense de ma persévérance ; je remerciai le Temps de m'avoir enfin révélé cette vérité ; ainsi,

21

disois-je, la nature bienfaisante n'a jamais rien de caché pour ceux qui ne se lassent point de solliciter la confidence de ses secrets.

Quand j'eus vu les Eléphans s'asseoir, et prendre presque toutes les attitudes que nous remarquons dans les chiens, à la différence près de ce que leur conformation particulière ne leur permet point de faire, comme de mettre leurs pieds de derrière en avant, je m'informai à Tompson si ces positions leur étoient habituelles, s'ils se relevoient facilement ; « sans doute, me répondit-il, rien de plus habituel chez ces animaux que de se coucher, et rien ne me paroît plus aisé pour eux que de se relever ; mais ce qui vous étonne en ce moment, n'est rien encore : il faut les voir couchés sur le côté, les quatre jambes étendues, la tête reposant sur les oreilles, ainsi que j'ai lieu de les observer toutes les nuits. » Cette réponse du cornac fut aussitôt suivie de la détermination que je pris de rester le soir, d'y passer la nuit même, pour les dessiner dans ces attitudes curieuses ; ma détermination s'effectua ; partie de ces attitudes sont représentées dans la planche XI, et partie dans la planche XX.

La planche XI offre l'Eléphant vu par derrière et assis, sa trompe élevée (fig. 1). Dans la figure 2, il est représenté couché ventre à terre et la trompe enroulée.

Cet animal ne reste pas aussi constamment qu'on pourroit se l'imaginer dans une même situation. Quand il est resté quelque temps assis, il s'étend, allonge sa tête sur le terrein où son corps est étendu, ou la tient haute ; quelquefois il la pose de côté, comme on le voit (fig. 2, planche XIII) où j'ai représenté les Eléphans au bain.

On le voit encore, pour faire reposer parfaitement toutes les parties de son corps, se renverser totalement sur le côté, étendre ses jambes de sorte que chacun de ses pieds touche à terre ; pencher sa tête sur sa large oreille, et goûter, dans cette position, les douceurs du repos que le sommeil procure. Cette attitude est gravée planche XX.

Mais si les Eléphans prennent ces positions, ils les quittent à leur gré, et d'une manière si facile, que l'on croiroit à peine à leur pesanteur. Ils se retournent avec adresse, allongent une jambe de devant, puis l'autre, et dans l'instant les voilà relevés.

Cette agilité, cette prestesse des mouvemens dans ce colosse, étonne moins quand on a pu le voir courir, ce qui m'est arrivé plusieurs fois, dans le parc qu'on leur a destiné près de leur habitation ordinaire, et où ils se livrent à des jeux qui donnent une idée de ceux auxquels ils doivent s'abandonner dans l'état de liberté.

Je ne les ai jamais vu galopper, il est vrai ; mais leur trot est très-vif et très-allongé, et il est à croire qu'il est plus rapide encore quand cet animal poursuit ou fuit un ennemi, quand il cherche à éviter la chasse qu'on lui fait, qu'il lutte contre l'esclavage dont il se voit menacé, ou que déjà dans la classe des esclaves il sert des maîtres puissans dans leurs armées au milieu des combats. Cette idée des marches de l'Eléphant libre m'a fait en placer deux dans le lointain, se promenant à leur gré et faisant opposition avec ceux qui font l'objet principal de l'estampe.

Si l'Eléphant ne galoppe point, il saute ; et l'habitude qu'il en contracte dès le plus jeune âge, lui facilite ces mouvemens, et lui fournit des ressources pour franchir les obstacles qu'il peut rencontrer dans sa route, tels que des pierres amoncelées, ou des arbres abattus et croisés.

L'Eléphant atteindroit facilement l'homme à la course, si l'homme n'avoit point le moyen de l'éviter en se détournant de côté. Par cette ruse il échappe à cet animal, qui ne peut pas aussi rapidement que lui exécuter de pareils détours.

Lorsque ces colosses courent, ils agitent les oreilles ; veulent-ils se tourner ? ils en étendent une dont ils se servent alors pour obtenir de l'air une résistance, une espèce de point d'appui qui facilite leur mouvement dans le sens qu'ils se proposent.

Ce n'est qu'avec peine qu'ils descendent les pentes trop rapides, et ils se voyent, dans ce cas, obligés de ployer leurs jambes de derrière pour former de la partie postérieure de leur corps un contrepoids à la masse de leur tête alourdie par la trompe et les défenses.

Quand l'Eléphant est en captivité, il est conduit dans les marches que nécessitent les travaux, auxquels on l'assujétit, par des hommes qui savent s'en faire entendre. Le langage est joint à des signes, et l'animal obéit tant à ces signes qu'aux ordres qu'ils accompagnent. On les voit, suivant ce qu'on leur dit, marcher plus ou moins vite, précipiter leurs pas ou les ralentir, et se mettre en mouvement comme aussi s'arrêter.

Il est une observation qui ne doit pas échapper, quand on considère la manière dont l'homme conduit en général les animaux qui ont assez d'intelligence pour l'aider dans ses travaux; c'est que le fouet, le bâton, la baguette, les dards servent comme de supplément au langage, c'en est comme une espèce de ponctuation qui en précise le sens. Ce langage, ainsi ponctué, rendu familier par les actes répétés de l'habitude, les guide merveilleusement; et par ce que ces animaux exécutent, on a lieu d'admirer comment ils en sentent toutes les nuances.

Pl. XII.

Dessiné et Gravé par J.P.Houel.

Quelques circonstances de la vie des Eléphants observée en Hollande. Fig. 1. et 2.

Autres circonstances de leur vie familière à Paris Fig. 3.

PLANCHE XII.

Quelques circonstances de la vie des Eléphans, observées en Hollande.

Ayant annoncé que je décrirois spécialement les figures des Eléphans du Muséum, où ils ne jouissent point de leur liberté, il paroîtra peut-être, à l'aspect de la planche XII, que je m'écarte de mon plan, puisque je représente ces animaux libres, et dans un lieu qui n'a aucun rapport aux cages dans lesquelles ils sont renfermés. Mais j'aurois cru manquer essentiellement aux règles du goût, si je m'étois attaché trop servilement à ne les représenter que dans la prison étroite où ils vivent. En exprimant dans mes dessins les murs et les barreaux énormes qui les renferment, j'aurois avili ces nobles enfans de la nature, je les aurois en partie masqués par les charpentes qui les entourent; et ce dernier inconvénient qui n'est pas indifférent quand c'est le portrait de ces colosses que l'on veut donner, je n'eusse pu l'éviter qu'en supposant les spectateurs en prison avec eux, et comme cela ne peut être supposé, parce que cela ne peut pas exister en réalité; ne pouvant pas, ne devant pas, dans cette circonstance, exprimer rigoureusement ce qui est, j'ai préféré faire ce qui devroit être, ce que je desirerois qui fût, et de-là cette campagne où se voyent les Eléphans, et cette double scène de leur état libre et de leur état domestique. Eh! qui ne seroit point assez ami de la liberté, pour ne pas

22

mieux aimer ce spectacle que celui des cages et des prisons, dont je ne serai d'ailleurs que trop obligé de parler, même dans cet article, pour indiquer l'effet que cette captivité opère sur eux, et les besoins qu'elle leur laisse.

A gauche, j'ai représenté les Eléphans libres, prenant eux-mêmes leur nourriture où ils la trouvent, et mangeant des feuilles d'arbres. C'est une jouissance pour eux, m'a souvent répété leur affidé Tompson, de pouyoir manger des feuilles d'arbres; mille fois, dans leur parc, au Grand-Loo, ces animaux l'ont rendu témoin de ce plaisir. Il les a vus, comme j'en ai dessiné un (fig. 1.) s'élevant contre un arbre, attrapant une branche avec sa trompe, la tenant avec son pied, pour en arracher ensuite plus facilement les feuilles.

Dans d'autres momens, il les a vus officieux l'un envers l'autre, et tels que j'ai tâché de les rendre (fig. 2.), où l'on voit un de ces animaux, que je suppose être un mâle, abaissant avec sa trompe une branche dont une femelle se saisit, et en serre l'extrémité qu'elle va dépouiller de ses feuilles à l'aide de sa trompe qui doit les réunir.

Ce goût des Eléphans pour les feuillages, dont je n'ai pu voir les effets dans leur état de liberté, je l'ai vu se caractériser plus d'une fois au Muséum, où, de temps en temps, on leur en présente, et qu'ils prennent comme un mets friand; il m'eût été plus agréable de les voir s'en approvisionner eux-mêmes, s'en faciliter mutuellement la récolte, et dans quelques circonstances s'en faire de commodes émouchoirs; mais ne le pouvant pas, je me suis plu, du moins, à en parler et à l'exprimer avec le burin.

Sur le devant de mon estampe, on voit une scène domestique dont j'ai plusieurs fois été le témoin, et qui prouve la familiarité de ces animaux, la confiance que leur intelligence inspire, et cette inclina-tion pour les enfans, que j'ai remarquée dans tant d'autres instans.

Tomson est représenté portant des fruits ou du pain jusque dans la bouche d'un de nos Eléphans lequel lui entoure le bras de sa trompe comme un ami serreroit un ami, et le retient dans cette position, comme si elle devoit ajouter au plaisir que ce brave cornac lui procure.

Le fils du cornac donne de la même manière du pain à l'autre qui se baisse pour le prendre, et souffre que ce petit ami tienne sa trompe soulevée par sa main gauche, pour lui faciliter la route de sa bouche.

La connoissance de l'intelligence des Eléphans, l'habitude qu'ils ont de le voir reconnoissant, ne leur permettent aucune crainte; et comme ils ne leur font que du bien, ils n'en attendent qu'une réciprocité de caresses et des témoignages de reconnoissance, vertu chez les Eléphans, dont je ne puis m'empêcher de rappeler un trait que m'atteste le citoyen Cossigny, non pas comme témoin immédiat, mais parlant d'après un de ses cousins, et le témoignage unanime de l'armée française dans l'Inde. Voici le trait:

« Pendant le siège de Madras, commencé le 12 décembre 1758, » par l'armée française, que commandoit le général Lally, un des » Eléphans qui étoient à la suite de l'armée se mit une chausse-trappe » dans un des pieds de devant. La douleur lui fit jeter des cris af-» freux. Son cornac indien n'étoit pas assez instruit pour retirer ce » corps étranger, et les médecins malabares n'osoient approcher de » l'animal. Dans ces circonstances, un soldat du régiment de Lor-» raine, qui avoit pris depuis quelque temps de l'attachement pour » l'Eléphant malade, qui lui avoit donné quelquefois du riz, des » fruits, de l'arack, et qui en étoit caressé, résolut de lui rendre » le service d'ôter la chausse-trappe de son pied, que cet animal » présentoit à tous ceux qui s'approchoient de lui, comme pour les » inviter à opérer sa guérison. Le soldat, armé d'un couteau, coupa » les peaux, ouvrit les chairs, enleva la chausse-trappe, et mit de » la charpie imbibée d'arack à la place. Il enveloppa le pied avec » de la toile, et vint tous les jours panser son ami. L'Eléphant, qui

» restoit constamment couché sur le côté, ne fit aucun mouvement,
» ne jeta aucun cri pendant l'opération, qui ne put cependant être
» que très-douloureuse ; mais il témoigna, lorsqu'elle fut faite, sa
» reconnoissance au soldat, que, depuis ce moment, il accueilloit
» avec la plus grande joie, qu'il caressoit chaque fois qu'il le voyoit,
» et sur-tout depuis son entière guérison, qui ne fut pas long-temps
» à s'effectuer. »

Si je me suis plu à raconter et à peindre la manière dont l'Eléphant aimoit à prendre lui-même, à manger des feuillages d'abord, à se servir utilement encore, en certains cas, de leurs branches ; si j'ai rapproché de ces actes de l'Eléphant en liberté ceux qui, dans leur état de servitude, en approchent davantage ; je me vois, pour ainsi dire, obligé de les ramener des champs dans leurs cages pour les y montrer usant leur activité par des mouvemens inutiles, ou cherchant, dans des objets de caprice en apparence, une occupation réelle qui les étourdisse, en quelque sorte, sur leur état et leurs besoins.

L'Eléphant, colosse par sa stature, semble doué d'une adresse, d'une intelligence, d'une force et d'une activité proportionnées à sa taille. N'ayant point, dans l'état de servitude, à employer ses facultés à la recherche de tout ce qui, dans l'état de liberté, deviendroit nécessaire à son existence et serviroit à ses plaisirs, il est comme embarrassé de lui-même, de cette redondance de forces et de vigueur, et pour se dissiper et éviter l'ennui, il s'agite dans tous les sens, est dans un mouvement presque continuel, porte attention aux moindres choses ; il se dresse contre les murs ou contre les cloisons de sa loge ; il allonge sa trompe pour flairer par-tout où il desire ; insère son doigt dans les moindres fentes, sonde tous les trous, cherche jusque dans les entrevous du plancher supérieur, et pour atteindre à tout, prend des routes diverses, des moyens variés. Il gratte la terre avec son pied ; et c'est par ces différens travaux qu'il se dissimule à lui-même sa captivité.

La

Tout ce qui se présente à ces animaux avec un caractère ou extraordinaire ou nouveau, excite sur-tout leur attention, les occupe et provoque leur inquiétude d'abord, puis leur examen, ensuite le désir d'avoir, et enfin tous leurs efforts pour réussir. J'en ai, dans plusieurs circonstances, été le témoin.

Un jour ils aperçurent, placé sur la poutre transversale de la charpente de leur cloison, un chapeau que le valet de leur cornac y avoit déposé pour un moment ; et tandis que cet homme étoit occupé à balayer la partie opposée de la loge où ils étoient, l'un d'eux se haussa sur ses pieds de derrière, allongea sa trompe, atteignit le chapeau le prit et le montra à son camarade. Tous deux l'examinèrent tour-à-tour, se le partagèrent, le déchirèrent ensuite en petits morceaux chacun de leur côté, en mangèrent quelques parcelles et foulèrent aux pieds le reste.

Une autre fois que j'avois profité de leur promenade pour tracer sur le mur de leur loge, qui sert comme de fond, des lignes perpendiculaires et horizontales, formant des carreaux qui pussent me servir à mesurer leur grandeur, quel fut mon étonnement à leur retour, lorsque je vis ces animaux, frappés de ces traits nouveaux à leurs yeux, les considérer attentivement, et la femelle, plus curieuse, approcher sa trompe, la passer sur un de ces traits, et dès qu'elle s'aperçoit que ce trait s'efface par le frottement, les frotter successivement et persévérer avec patience jusqu'à ce qu'elle les ait presque tous effacés.

La femelle de l'Eléphant m'a paru plus sensible au besoin d'occupation, elle éprouve dans le loisir, l'absence de quelque chose qu'elle veut suppléer; un fait dont j'ai été témoin va en donner la preuve.

Dans le gros mur en pierre, qui forme une des parois de sa loge, est un trou pratiqué tout exprès pour assurer un passage à un long crochet de fer; ce crochet, introduit par-là de la salle voisine, va atteindre la porte de sa loge, qui, posée sur des roulettes, s'attire ou se repoussé suivant qu'on le désire. Souvent il étoit arrivé que la femelle avoit observé, flairé ce trou, et même s'étoit amusée à y souffler, de manière à incommoder sensiblement les personnes qui habitoient le local dont ce mur étoit mitoyen. Pour obvier à cet inconvénient, ces voisins imaginèrent de boucher le trou avec un tampon de vieille toile, qu'ils enfoncèrent presque jusqu'à son orifice du côté des Eléphans. La femelle Parkie vit cette ruse, examina soigneusement le moyen qu'on avoit employé pour boucher l'ouverture, et toutes les fois qu'on le bouchoit ou débouchoit, elle y faisoit la plus sérieuse attention. Un jour que le trou étoit bouché, elle y enfonça le doigt ou extrémité de sa trompe, et sentant la toile, elle résolut à l'instant de la retirer. J'étois présent, et je me fis un amusement de ses efforts, de ses tentatives, et enfin de son succès. A mille reprises, elle insère son doigt dans le trou où elle sent le tampon qui l'irrite, elle l'introduit de nouveau, et jamais sans espoir, quoique sans apparence de réussite. A la fin, un petit bout du linge offre ses plis resserrés à l'entrée du trou, sa joie se fait apercevoir ; mais ce n'est pas assez, elle se fait de ces plis même un moyen de plus ; son doigt s'y accroche, et elle tire avec persévérance. Cette persévérance lui procure enfin ce qu'elle desire, le linge laisse échapper quelques petits lambeaux d'abord, et vient tout entier lui-même après deux heures entières de travail. Dans ce moment de victoire, que l'active Parkie étoit intéressante ! Le contentement étoit dans tout son ensemble, mais le calme ne se rétablit en elle que quand elle eut foulé sous ses pieds cette toile qui lui avoit résisté, quand elle l'eut mise en pièces, et qu'elle en eut dévoré des fragmens.

Manger de la toile, ce n'est pas un ragoût excellent ; mais il étoit comme assaisonné par la vengeance, et la vengeance est un mets des Dieux.

Dessiné et Gravé par J.P.Houel.

Les Eléphants au bain.

PLANCHE XIII.

Des Eléphans au bain.

On avoit, depuis quelque temps, remarqué le plaisir que les Eléphans éprouvoient, quand ils avoient près d'eux une assez grande
quantité d'eau pour y plonger leur trompe et pour, après en avoir
aspiré, la rejeter sur leur corps. J'ai déjà dit que ces arrosemens
avoient pour but, de la part de ces colosses, de se rafraîchir ou de
chasser les mouches importunes. On avoit encore observé que lorsque l'eau qui leur étoit donnée pouvoit, au moyen de quelques ordures
qui en arrêtoient l'écoulement, s'arrêter au ruisseau de leurs loges,
ils profitoient de cette stagnation pour se procurer l'agrément de se
laver et de s'arroser le corps.

Ces remarques avoient engagé à leur faire pratiquer, hors de leur
loge et au grand air, une grande cuve en pierre, que l'on avoit
placée dans la cour, à l'angle opposé à celui par lequel ils y arrivoient;
mais bientôt on s'aperçut, à leur manière d'en jouir, qu'elle étoit fort
insuffisante. On leur construisit alors un abreuvoir, où ils pouvoient
entrer de plein pied, et avoir de l'eau jusqu'à la moitié du corps.
C'est dans ce lieu que je les ai dessinés. On pense bien que je n'ai
dû copier que leurs gestes, leurs attitudes; mais j'ai tâché de suppléer, dans ma composition, à ce que le lieu ne m'offroit point, et
j'ai voulu donner à leurs bains le caractère qu'ils y auroient voulu
trouver eux-mêmes.

On peut voir dans la gravure, planche XIII, le site que j'ai ima-
giné devoir être le plus convenable. Sous un ombrage frais on aperçoit
une source limpide qui s'échappe d'un roc, et au bas de laquelle un
Eléphant s'amuse, se rafraîchit et se désaltère. Non loin de cette
source est une pièce d'eau qu'elle alimente avec abondance, et j'ai
rendu, le plus qu'il m'a été possible, le site que mon imagination a
créé, semblable à ceux que dans l'Inde, au rapport des voyageurs,
ces animaux aiment à rencontrer.

Ils préfèrent en effet, nous dit-on, les lieux humides et couverts,
ainsi que les bords des fleuves, qu'ils se font souvent un plaisir de
passer à la nage; ce qu'ils exécutent avec d'autant plus de facilité,
que la masse de leur corps est plus légère que la grande quantité d'eau
qu'ils déplacent.

Là, j'ai peint plusieurs Eléphans jouissant des plaisirs du bain;
l'un, et c'est celui du premier plan, vu par derrière, s'élance dans
l'eau; les autres, qui y sont déjà plus ou moins plongés, y goûtent
différens plaisirs. On voit celui-ci s'y vautrer avec délices, celui-là
s'y asseoir avec complaisance. On en voit un, enfin, qui, agitant
l'eau avec ses pieds de devant, répand sur ses camarades celle que
sa pompe a portée au réservoir que sa tête lui procuroit, et qu'elle
en rejette et lance comme une fusée qui retombe en une pluie douce
et gracieuse. Il ne manque à ce tableau que ce que la peinture n'a
jamais pu rendre, le bruit et l'agitation de l'eau, dont elle exprime
l'écume, et les cris que ces animaux joyeux font entendre.

PLANCHE

Pl. XIV

Dessiné et Gravé par J.P. Houel.

Les Eléphants sortants du bain.

PLANCHE XIV.

Les Eléphans sortant du bain.

L E bain est une véritable jouissance pour les Eléphans, et cette jouissance se prolonge même après qu'ils en sont sortis ; la gaieté les anime et s'annonce par tout ce qu'ils font. Avec quel plaisir je les ai vus sautant, jouant, courant en tout sens dans l'étendue de l'enceinte qu'on leur avait abandonnée près de leur demeure habituelle.

Mais si le plaisir se peint dans toutes leurs actions, il en est quelques-unes qui sont le fruit de leur prévoyance ; l'eau les ayant débarrassés de ce qui remplissoit les crevasses de leur peau, il leur importe de les remplir pour se prémunir contre les atteintes des mouches. Aussi l'un de leurs premiers soins est-il de le faire.

Ils grattent à cet effet la terre avec leurs ongles, ils la poussent en avant, la soulèvent et la pulvérisent avec leurs pieds ; ils la rassemblent, la prennent ensuite avec leur trompe, puis se la répandent sur tout le corps et même sur la tête. Leur corps humide s'empare de cette poussière qui forme une croûte bienfaisante et une espèce de cuirasse contre les importunes piqûres des insectes ailés, qui se plaisent à leur faire la guerre.

Quelquefois ils se roulent par terre sur cette poussière qu'ils étendent, afin de se l'appliquer humide sur la peau et dans la même intention.

Ce sont ces différens actes que j'ai voulu exprimer dans le dessin que rend la planche XIV. On y voit l'Eléphant du milieu, soulevant

24

la terre avec ses pieds, et la ramassant en poussière avec sa trompe. L'Eléphant qui est à droite, en jette sur sa tête, et dans le lointain, on en voit un qui se roule sur la poussière, comme je viens de le dire.

Ce que je n'ai pu rendre de même, et qui cependant n'est pas à négliger pour un observateur, c'est ce que j'ai plusieurs fois encore remarqué. A différentes reprises, je les ai vus réunir avec leurs pieds, non-seulement de la poussière qu'ils pétrissoient dans l'eau croupie provenant des pluies, et mangeant ensuite cet amalgame ; mais à la poussière ils substituoient quelquefois encore leurs propres excrémens amollis par leur urine, et s'en faisoient un mets auquel ils trouvoient un goût qui leur faisoit vraisemblablement plaisir.

Le site, s'il n'est point la copie de leur enceinte au Muséum d'histoire naturelle, est au moins analogue à la circonstance dans laquelle j'ai desiré les peindre. On voit l'eau qui est censée avoir servi à leurs bains au pied du rocher qui en recèle la source, et que couronnent des arbres dont l'ombrage contribue à lui conserver sa fraîcheur.

Pl. XV.

Dessiné et Gravé par J.P.Houel.

Les Eléphants représentés
dans l'instant de premières caresses qu'ils se sont faites
après qu'on leur a fait entendre de la musique.

PLANCHE XV.

Premières caresses des Eléphans, et premiers essais de reproduction.

~~~~~~~~~~~

LES Eléphans du Muséum sont d'un âge encore trop peu avancé, pour que l'on puisse espérer de sitôt de les voir s'unir utilement et se reproduire. D'après ce qu'ont écrit les voyageurs, et ce que m'ont raconté plusieurs personnes qui ont été dans l'Inde, ce n'est guère qu'à l'âge de vingt-cinq ans qu'ils deviennent propres à la génération; et si l'on pouvoit citer quelques exemples qui prouvassent que des Eléphans plus jeunes aient eu cet avantage, ce n'aurait été sans doute que dans des climats plus convenables que le nôtre à cette espèce d'animaux.

Ce doit donc être pour nous un grand cadeau du temps et de la nature, si par quelques caresses et par quelques tentatives de nos jeunes colosses, il nous a été permis d'avoir des données assez sûres pour conjecturer quel est le mode chez eux de propager leur espèce.

Le développement anticipé de nos Eléphans fut la suite des concerts qui leur furent donnés au Jardin des Plantes à deux diverses reprises; c'est, pour me servir de l'expression du cit. *Toscan* (1),

_____

(1) J'ai pensé que mes lecteurs retrouveroient ici avec plaisir ce que cet écrivain natura-liste a écrit sur cet événement, et je le copie dans les numéros 32 et 33 de la *Décade Philosophique*, où ce rapport a été consigné en l'an VI. Il se trouve à la page suivante.

l'art de la musique qui, en exerçant son charme sur ces êtres doués
de sentiment, a délié leurs facultés naturelles que l'esclavage tenoit

---

LETTRE AUX AUTEURS DE LA DÉCADE.

Naturâ ducimur ad modos. QUINTILIEN.

« Vous me demandez, Citoyens, des détails sur le concert donné, le 10 prairial, aux Eléphans du Jardin des Plantes; vous voulez savoir quel effet la musique a produit sur des animaux dont l'instinct social et les habitudes sont d'ailleurs très-propres à piquer notre curiosité. Vous pensez que l'expérience du plaisir sur des êtres sensibles vaut bien celle de la douleur : je suis de votre avis, et n'en déplaise au savant Haller et à tous les *physiologistes* qui ont travaillé comme lui, je crois qu'il est plus raisonnable et sur-tout plus humain, d'étudier les ressorts et les fonctions de la vie dans la vie même, que de les aller chercher dans la mort, ou dans les convulsions d'un animal expirant.

« Quoiqu'il en soit, je rends grâces aux artistes qui armés, non de scalpels et d'instrumens de torture, mais de hautbois, de flûtes et de violons, sont venus exercer le charme de leur art sur deux êtres doués de sentiment, délier leurs facultés naturelles que l'esclavage tient enchaînées, les exciter, les calmer tour-à-tour, réveiller dans leur esprit forestier l'instinct de leur première patrie, et les conduire enfin, par les accens de la joie et de la tendresse, jusqu'aux illusions d'un amour qui, pour se satisfaire pleinement, ne veut pas de témoins; jouissance trompeuse à la vérité, mais qui du moins a laissé entrevoir la manière dont ces animaux remplissent les fonctions auxquelles la nature les appelle pour la multiplication de leur espèce.

« Cette démonstration vivante, telle qu'on n'en voit pas sur les théâtres anatomiques, est due aux talens des citoyens Rousseau frères, Adrien l'aîné, Guichard, Chol, Chlart, Devienne, Meitcoffer, Félix, Delcambre, Frédéric, Lefèvre, Veillart, tous musiciens distingués et attachés pour la plupart au Conservatoire de Musique.

« L'orchestre était établi hors de la vue des Eléphans, dans une galerie qui règne au-dessus de leurs loges, et rangé autour d'une trappe que l'on n'a ouverte qu'au moment de l'exécution. Pour donner plus d'espace et de liberté aux mouvemens de Hans et de Marguerite, car c'est ainsi qu'ils se nomment, on leur avoit laissé la jouissance des deux loges qui composent leur habitation, de manière qu'ils pouvoient aller librement de l'une à l'autre. Tout étant prêt, et les instrumens accordés, un profond silence s'est fait autour d'eux, la trappe s'est levée sans bruit, tandis que pour ménager l'effet de la surprise, le cornac les tenoit occupés en leur distribuant quelques friandises.

« Le concert a commencé par un trio de petits airs variés pour deux violons et basse, en *si majeur*, d'un caractère modéré.

« A peine les premiers accords se sont fait entendre, que Hans et Marguerite, prêtant l'oreille, ont cessé de manger; bientôt ils ont accouru vers l'endroit d'où partoient les sons. Cette trappe ouverte sur leurs têtes, ces instrumens de forme étrange dont ils n'apercevoient

enchaînées,

enchaînées, et les a conduits par les accens de la joie et de la tendresse jusqu'aux illusions de l'amour.

---

que l'extrémité, ces hommes comme suspendus en l'air, cette harmonie invisible qu'ils cherchoient à palper avec leurs trompes, le silence des spectateurs, l'immobilité de leur cornac, tout d'abord a paru pour eux un sujet de curiosité, d'étonnement et d'inquiétude. Ils tournoient autour de la trappe, dirigeant leurs trompes vers l'ouverture, et se soulevant de temps en temps sur les pieds de derrière ; alloient à leur cornac, lui demandoient des caresses, revenoient plus inquiets encore, regardoient les assistans et sembloient examiner si on ne leur tendoit point de piège. Mais ces premiers mouvemens d'inquiétude se sont appaisés quand ils ont vu que tout restoit pacifique autour d'eux : alors cédant sans aucun mélange de crainte aux sensations de la musique, ils n'ont plus reçu d'autres impulsions que celles qui leur venoient d'elle.

« Ce changement d'état a été sur-tout remarquable à la fin du trio, que les exécutans ont terminé par l'air de danse, en *si mineur*, de l'Iphigénie en Tauride de Gluck, musique d'un caractère sauvage et fortement prononcé, qui leur a communiqué toute l'agitation de son rhythme. Dans leur allure tantôt précipitée, tantôt ralentie, dans leurs mouvemens tantôt brusques, tantôt soutenus, on eût dit qu'ils suivoient les ondulations du chant et de la mesure. Souvent ils mordoient les barreaux de leurs loges, les étreignoient avec leurs trompes, les pressoient du poids de leurs corps, comme si l'espace eût manqué à leurs ébats, et qu'ils eussent voulu en reculer les bornes. Des cris perçans, des sifflemens leur échappoient par intervalle ; est-ce de joie ou de colère, demandoit-on au cornac : *eux, pas fâchés*, répondoit-il.

« Cette passion s'est calmée, ou plutôt elle a changé d'objet avec l'air suivant : *O ma tendre musette*, exécuté en *ut mineur*, sur le basson seul, sans accompagnement.

« La simple et tendre mélodie de cette romance, rendue plus plaintive encore par l'accent mélancolique du basson, les a attirés par une sorte d'enchantement. Ils marchoient quelques pas, s'arrêtoient pour écouter, venoient se placer sous l'orchestre, agiteient doucement leurs trompes, et sembloient aspirer ses émanations amoureuses.

« Il est à remarquer que pendant toute la durée de cet air, ils n'ont pas poussé un seul cri, ni reçu aucune détermination étrangère à la musique. Leurs mouvemens étoient lents, mesurés, et participoient de la mollesse du chant.

« Mais le charme n'opéroit pas également sur l'un et sur l'autre. Tandis que Hans se renfermoit dans sa prudence et dans sa circonspection ordinaire, Marguerite passionnée, caressante, le flattoit de sa longue et flexible main qu'elle passoit et repassoit sur son dos, sur son cou, puis la portoit sur elle-même, pressoit du doigt ses propres mamelles ; et comme si ce doigt se fût empreint d'un sentiment plus pressant et plus tendre, à l'instant elle le reportoit dans sa bouche, ensuite dans l'oreille de Hans, qui n'écoutoit pas, ou peut-être qui ignoroit ce langage.

« Cette scène muette a pris tout-à-coup un caractère d'emportement et de désordre aux accens gais et vifs de l'air *ça ira*, exécuté en *ré*, par tout l'orchestre, air dont l'effet étoit singulièrement augmenté par le son perçant de la petite flûte,

25

On vient de voir dans la lettre du citoyen Toscan comment l'influence de la musique sur les Eléphans les a conduits insensiblement

« A leurs transports, à leurs cris d'allégresse, tantôt graves, tantôt aigus, mais toujours variés dans les intonations; à leurs sifflemens, à leurs allées et venues, vous eussiez dit que le rhythme de cet air qui marché par temps redoublés, les pressoit, les talonnoit sans relâche, et les forçoit d'aller comme lui. La femelle redoubloit aussi de sollicitations; ses caresses étoient plus démonstratives, ses agaceries plus piquantes; souvent elle s'éloignoit rapidement du mâle, et revenant à reculons, elle lui détachoit lestement des coups de pied de derrière, pour l'avertir qu'elle étoit là; mais la pauvre Marguerite perdoit ses peines. Heureusement pour elle, la puissance invisible qui portoit le trouble dans ses sens, avoit aussi le pouvoir de les appaiser.

« Les instrumens ne jouoient plus, et elle suivoit encore leur impulsion, lorsque, semblable à ces pluies rafraîchissantes qui tempèrent les feux de l'été, la douce harmonie de deux voix humaines est descendue de l'orchestre comme d'un nuage pour calmer son délire. Au milieu de ses transports les plus vifs, on l'a vue se modérer soudainement, suspendre par degrés tous ses désirs, enfin s'arrêter immobile et baisser sa trompe contre terre. Le repos dont elle réfléchissoit l'image, étoit dans un adagio de l'opéra de Dardanus, *mânes plaintifs*, chanté à deux voix avec tout son accompagnement, en *si bémol*.

« Ces effets, tout merveilleux qu'ils paroissent, n'ont cependant rien qui doive étonner, si l'on réfléchit que les passions des animaux, comme les passions humaines, ont dans la nature un caractère rhythmique, absolu, indépendant de toute éducation et de toute habitude. En marquant les mouvemens qui conviennent à ces passions et en y joignant les accens qui leur sont propres, la musique les réveille et les excite; elle les change ou les calme à son gré, en combinant la mesure, l'ordre et la succession de ces mouvemens. A quoi nous ajouterons que les passions des animaux ne reconnoissant d'autre loi que la nature, sont toujours simples et par conséquent plus faciles à émouvoir, à diriger, à régler que celles des hommes, lesquelles, pour la plupart, sont composées, et participent plus ou moins les unes des autres.

« Mais rien ne prouve mieux ces relations, ces correspondances intimes du rhythme et de la mélodie avec les mouvemens et les accens des passions, que l'indifférence où sont restés nos deux Eléphans, quand pour la seconde fois l'orchestre a joué *ça ira* immédiatement après celui de Dardanus, avec le seul changement du ton de *ré* en *fa*. C'étoit bien le même chant, mais il n'avoit plus sa même expression; c'étoit bien la même harmonie, mais elle avoit perdu sa première énergie; c'étoit bien la même durée relative de temps, mais ces temps étoient moins frappés et ne marquoient plus le même rhythme.

« Je passe rapidement sur les morceaux suivans, tels que l'ouverture du *Devin du Village*, qui les a excités à la gaieté; la chanson de Henri IV, *Charmante Gabrielle*, qui les a plongés dans une sorte de langueur ou d'attendrissement bien exprimé dans leurs regards et dans leur attitude. Il en est d'autres aussi qui n'ont rien produit, je ne m'y arrête pas, et je reviens à la troisième reprise de l'air *ça ira*, exécuté en *ré* comme la première fois, avec addition de

aux premières sensations de l'amour. Plus active chez la femelle, cette passion a fait éclater sur Marguerite tous les symptômes qui la

---

plusieurs voix. Il faut avoir été témoin de ces effets pour s'en former une juste idée; la femelle ne se possédoit plus; elle alloit trottant, sautant en cadence, et mêlant au son des voix et des instrumens des accens semblables à ceux d'une trompette, lesquels n'étoient point discordans avec l'harmonie générale. En approchant du mâle, ses oreilles battoient contre sa tête avec une vitesse extrême, tandis que sa trompe amoureuse le sollicitoit par tous les endroits sensibles de son corps. Les coups de pieds n'étoient pas non plus épargnés. Souvent, dans son délire, elle tomboit à terre sur sa croupe, jetant en l'air les pieds de devant, et s'appuyant du dos contre les barreaux de la loge. On l'entendoit alors dans cette posture jeter les cris du désir; mais l'instant d'après, comme si elle eût été honteuse d'une action qui avoit tant de témoins, elle se relevoit et reprenoit sa course cadencée.

« On sait que l'Éléphant, dans l'état de domesticité, se refuse aux jouissances de l'amour, bien qu'il en ressente les plus vives atteintes; que dans l'état de liberté il se dérobe aux regards même de ses semblables, fuit avec la compagne dont il a fait choix, cherche les solitudes les plus profondes, et ne cède à ses propres désirs et au vœu de la nature, que lorsqu'il s'est entouré de l'ombre et du silence des bois. La difficulté de le surprendre en ce moment, fait que nous n'avons encore que des conjectures sur la manière dont il opère l'acte de sa reproduction. Aristote a cru qu'elle ne différoit pas des autres quadrupèdes, et que la femelle abaissoit seulement sa croupe pour recevoir plus aisément le mâle; Buffon a démontré que la position relative des parties, rendoit impossible cette situation d'accouplement, et l'obligeoit, au contraire, à se renverser sur le dos. Il a cité deux voyageurs français, Defeynes et Tavernier, qui, d'après les renseignemens qu'ils avoient pris des chasseurs indiens, assurent que la chose se passe ainsi. Il est vrai qu'un Hollandais, nommé Marcel Blez, qui avoit vécu plusieurs années dans l'île de Ceylan, et se donnoit pour témoin oculaire du fait, ayant écrit depuis, que la femelle ne prenoit ni l'une ni l'autre situation, mais qu'elle se prosternoit sur les pieds de devant, restant debout sur ceux de derrière, et relevant ainsi sa croupe pour faciliter les approches du mâle, Buffon, dans son supplément à l'Histoire Naturelle, a déféré à son témoignage, sans examiner si ce prétendu rehaussement, qui d'ailleurs ne pourroit opérer qu'un très-léger changement dans la position naturelle de l'animal, ne laissoit pas subsister dans toute leur force les argumens qu'il avoit précédemment employés contre Aristote. On pourroit opposer à Marcel Blez un autre voyageur français qui a passé la plus grande partie de sa vie dans les Indes, et qui a consigné ses observations dans un ouvrage anonyme intitulé : *Essais philosophiques sur les mœurs de divers animaux étrangers.* « Plusieurs fois, dit-il, je me suis informé des Indiens qui vont habi-
« tuellement à la chasse de ces animaux, ou qui en prennent soin dans l'état de domesticité,
« s'ils les avoient vus s'accoupler et produire; leur réponse a été que des Éléphantes privées
« peuvent devenir mères; mais du fait de mâles sauvages avec lesquels on les envoyoit vivre
« quelque temps. Ces Indiens m'ont ensuite ajouté, comme le tenant de témoins oculaires,

caractérisent, marche hardie, mouvement bruyant et précipité des oreilles, caresses prodiguées au mâle avec la trompe, qui alloit cher-

---

« que la femelle, aidée du mâle; *se renverse sur le dos en un lieu peu creux qu'ils savent pré-*
« *parer à cet effet*, et que par ce moyen ils s'unissent intimément.... J'ai aussi désiré con-
« noître l'opinion de quelques Français qui ont parcouru plusieurs parties de l'Inde, en obser-
« vateurs attentifs, tels que MM. de Lauriston, de la Grenée, de Noirfosse, de Maisonpré,
« et qui étoient assez instruits dans la langue du pays pour s'expliquer par eux-mêmes avec
« les Indiens : tous m'ont assuré qu'ils en avoient reçu à cet égard les mêmes renseignemens
« que moi... Au reste, continue cet auteur, il me paroît par les raisons suivantes, que toute
« autre forme de jouissance est à-peu-près impraticable. »

« Ces raisons sont à-peu-près les mêmes que celles que Buffon a exposées dans son Histoire Naturelle, avant qu'il eût adopté son opinion contraire. Je ne les rapporterai point ici; mon but, en touchant à cette discussion, étoit, non d'entrer dans une controverse, où l'on ne peut argumenter que sur des ouï-dire, mais de faire seulement remarquer une indication de la vérité dans le mouvement libre et spontané de l'Eléphante du Jardin des Plantes, mouvement où la poussoit en cet instant l'instinct même du besoin et du désir. Si la Nature lui avoit prescrit toute autre situation que celle de se renverser sur le dos, pourquoi ne l'auroit-on pas vue s'ac-croupir comme l'a cru Aristote, ou s'agenouiller sur les pieds de devant, comme l'a prétendu Marcel Blez? — Je reviens à mon sujet.

« Après un court repos, on a essayé de nouveaux airs et de nouveaux instrumens. Cette se-conde partie du concert s'est donnée sous les yeux mêmes des Eléphans, et à deux pas de leurs loges.

« Si le mâle n'avoit point encore ressenti les ardeurs de sa femelle, si aucune sensation d'ap-pétit et de désir ne s'étoit manifesté dans ses mouvemens extérieurs, le moment n'étoit pas loin où il devoit sortir de cet état d'indifférence.

« Il n'a d'abord marqué ni peine ni plaisir pour une symphonie de Haydn en *ut majeur*, très-brillante. L'appareil de l'orchestre et ses éclats retentissans n'attiroient point son atten-tion; il ne témoignoit ni curiosité, ni surprise; mais ce morceau achevé, à peine la clarinette s'est-elle fait entendre seule dans l'air de musette de l'ouverture de Nina, qu'il a cherché la voix qui le flattoit, et s'est arrêté vis-à-vis de l'instrument, en étendant vers lui sa trompe. Attentif, immobile, il écoutoit. Cependent les feux de l'amour s'insinuoient dans ses veines; trahi par des signes extérieurs, et comme étonné lui-même de cette nouvelle sensation, il faisoit quelques pas en arrière, et quand le symptôme diminuoit, ou qu'il étoit entièrement passé, il se rapprochoit de la musique, écoutoit et se retrouvoit encore dans le même état : feux passa-gers qui ne brilloient un instant que pour disparoître, et ne servoient pas même à le guider vers sa compagne.

« La clarinette ayant passé sans interruption à la romance *ô ma tendre musette* en *ré mineur*, son illusion s'est soutenue; mais le charme a paru l'abandonner tout-à-coup, quand, pour la

chant

chant où elle le trouveroit plus sensible au plaisir, agâceries, avances et attitudes provocatrices, qui sembloient ne plus devoir laisser en controverse, la situation de ces animaux dans leurs fécondantes, et procréatrices approches.

Mais ce dont j'ai été témoin, quelques jours après ce concert si puissant sur eux, ajouta de nouvelles inductions à celles qu'on avoit déjà recueillies ; et peut-être ces animaux, déjà si favorisés de la nature par le degré d'intelligence qu'elle leur a départi, devront-ils passer pour avoir le moyen de multiplier leurs jouissances dans les plaisirs par la variété qu'ils y apportent eux-mêmes?

En effet, non-seulement au 10 prairial, pendant le premier concert dont le cit. *Toscan* a décrit les effets, ces animaux ont entrelacé mutuellement leurs trompes avec toutes les étreintes de l'amour, comme je les ai représentés planche XV ; non-seulement au 26 du même mois, lorsque les élèves trompettes voulurent essayer ce que pouvoient produire sur ces animaux leurs bruyans instrumens (1), je

---

quatrième fois, on a répété l'air *ça ira*. Peut-être l'effet de cet air étoit-il épuisé; peut-être aussi les organes de ces animaux commençoient-ils à se fatiguer d'un trop long exercice. Cela est vraisemblable, puisque ni l'un ni l'autre n'ont donné aucune attention aux accens du cor-de-chasse par lequel on a terminé le concert. Cet instrument, qu'ils n'avoient pas encore entendu, leur eût fait probablement plus d'impression, si l'on s'en fût servi plutôt.

« Je pourrois étendre plus loin ces observations, je pourrois montrer comment le rhythme, uni à la mélodie, avoit réuni les hommes et réglé les premières sociétés : le rhythme, en mesurant le temps et le mouvement, mesure sans laquelle les hommes ne peuvent travailler en commun, et la mélodie en charmant leurs peines, charme inné, pour ainsi dire, puisque l'enfant au berceau l'éprouve et s'appaise aux chants de sa nourrice; comment les animaux eux-mêmes sensibles à cet art, s'étoient rapprochés de l'homme, et comment l'homme les avoit façonnés à son joug, non-seulement par la douceur et les bons traitemens, mais encore par l'empire que la musique exerce sur tous les êtres animés et sensibles : car la force fait bien des esclaves, mais elle ne fait pas des amis et des serviteurs fidèles. »

(1) Le 26 prairial, seize jours après le premier concert, les musiciens composant l'école des trompettes établie alors rue du Faubourg-Saint-Denis, réunis à leurs plus habiles élèves, vinrent au Muséum d'Histoire Naturelle faire l'essai de l'influence que pourroit avoir sur

les vis sensibles aux tons graves et tendres, renouveller les caresses
déjà connues, y ajouter quelques raffinemens, tels que celui de mêler
aux émanations qui sembloient provenir des parties sexuelles, ou même
à leur urine, quelques poignées de foin qu'ils paroissoient manger avec
délices, mais entre ces deux concerts, aux 3 et 28 messidor, je vis
se succéder tous les jeux que pouvoit leur conseiller la passion la plus
vive, à laquelle il ne manquoit que la maturité de l'âge, un climat
plus favorable, et une plus grande liberté pour avoir des suites efficaces.
Dans ces deux circonstances, que n'ai-je pas eu à observer? Leur
langage étoit expressif. Ce n'étoit point le cri de la douleur, ni celui
de la rage; c'étoit évidemment celui de la tendresse. Des sons doucement aigus, modifiés par des sons graves s'exhaloient de leur sein,
comme nous exhalons nos soupirs. Oh! le langage des animaux n'est
pas moins éloquent que le nôtre; et il lui est peut-être en cela supérieur, en ce qu'il n'est jamais que l'expression naïve et vraie d'un sentiment qui existe. Les protestations hypocrites, les feintes déclarations
de ce que l'on ne sent pas, n'appartiennent qu'à l'être qui peut abuser
de sa raison. L'instinct ne connoît pas ces détours.

A ce langage intéressant que savoit rendre plus varié la femelle, le
mâle joignait des accens plus graves et plus caractéristiques encore.
J'ai vu couler ses larmes; ils en connoissent donc aussi les douceurs,
ces animaux vraiment protégés de la nature! Puissent-ils n'en verser
jamais que de plaisir!

---

les Eléphans, les trompettes, les hautbois, les clarinettes et l'ensemble de ces instrumens
bruyans. Ils en tirèrent des sons de tout genre, passant par des oppositions brusques du grave
à l'aigu, du doux au vif, et faisant succéder les mouvemens lents aux mouvemens rapides. Ils
produisirent par ce moyen des effets déchirans, que l'homme ne pouvoit supporter sans douleur. Mais les Eléphans y parurent peu sensibles, ou du moins ils demeurèrent immobiles. Il
n'en fut pas de même lorsque les instrumens produisirent des modulations harmonieuses et tendres, ces animaux en sentirent vivement l'impression, et se livrèrent aux plus doux penchans
que ces sons avoient réveillés, et qu'ils exprimèrent par des caresses prodiguées mutuellement
et sans mystère.

Avec quel étonnement je les surpris s'enlaçant réciproquement les jambes, et Parkie poussant Hans contre le mur, où, renversée sur le dos, sollicitant ses caresses! Comme la trompe remplissoit les fonctions que des mains lascives n'eussent peut-être pas remplies avec plus d'exactitude. Dans quel état brillant étoit Hans! Tels j'ai représenté, planche X, les signes de la passion chez le mâle, tels on pouvoit les reconnoître; mais, novice encore dans ce genre d'exercice, Hans sembloit ne point connoître le vœu complet de la nature, opposé dans son attitude à celle qu'il eût dû prendre, il paroissoit du moins prodigue de caresses; il entouroit la tête de sa femelle avec sa trompe éloquente; il s'en servoit pour lui chatouiller l'oreille; il en passoit le doigt sur l'extrémité des mamelles, ses oreilles battoient contre ses joues; tout parloit chez lui; mais je ne lui vis rien conclure. Les désirs de Marguerite n'étoient point remplis, elle restoit couchée sur le dos, les jambes levées en l'air, telle qu'on la voit dans le lointain du paysage, où je les ai représentés planche XVI. L'âge ne permettoit apparemment point à Hans d'être aussi instruit qu'elle, plus précoce évidemment dans ce qui tenoit à l'amour.

Le bon Tomson étoit joyeux de voir ainsi grandir ses élèves, il leur eût désiré le plaisir de se reproduire et de revivre dans leurs petits. Aussi leur prodiguoit-il ses soins et ses attentions. Pendant que Marguerite, en proie à sa passion, appelloit si tendrement Hans, qui ne lui répondoit que par des gestes peu suivis, le cornac donnoit à cette amoureuse languissante, des morceaux de pain qu'elle mangeoit avec une certaine délectation. Il faillit même un jour être puni de l'intérêt qu'il témoignoit à Parkie; en effet, Hans ayant brusquement répondu aux preuves qu'elle lui donnoit de sa tendresse, au point de lui avoir écorché le front par des chocs de tête multipliés semblables à ceux que se donnent les béliers, Tomson voulut essayer de réprimer ces brusqueries, il s'arma de sa pique et le frappa légèrement avec le manche. Sur-le-champ une autre passion se développa. Emu, quoique d'une manière insuffisante, par l'amour, il le devint totalement par la•colère, deux coups de trompe sur l'épaule et la joue du cornac l'annoncèrent; ses oreilles battirent, mais d'une autre sorte; Tomson crut devoir le punir de cette audace; mais avec sa trompe, Hans lui arracha la pique, la porta à sa bouche, en posa l'un des bouts à terre, et mettant son pied dessus, la brisa; la partie qui étoit dans sa bouche fut comme broyée par ses énormes molaires; le fer, à l'endroit de la douille, fut applati, et, ramassé par moi au moment où l'animal le rejetta; il étoit brûlant, tant avoit été vigoureuse la pression que ses dents avoient opérée. Toute la journée, Tomson voulut en vain lui donner du pain, des racines, des friandises même; tout fut dédaigné. Etonné de ces constans refus, Tomson crut que c'étoit le besoin de boire qui pouvoit les occasionner, et il présenta un seau d'eau fraîche et limpide; mais comme s'il eût voulu ne lui laisser aucun doute sur les causes de sa mauvaise humeur, l'animal mécontent se retourna et se retira vers l'extrémité de sa demeure. Au contraire, ce que les cornacs au-dessous de Tomson, lui présentoient quelquefois, il le recevoit d'eux. Parkie, c'est la femelle, paroissoit devenir la confidente de son ressentiment et des motifs de la punition qu'il lui infligeoit; sans cesse il lui mettoit son doigt à l'oreille.

Il fallut la nuit entière pour le calmer, et ce ne fut que le lendemain à déjeûner, qu'il voulut bien permettre à Tomson de lui continuer ses soins, et qu'en acceptant de lui du pain, il signa pour ainsi dire la paix.

Mais revenons aux amours de nos Eléphans: il est plus agréable de les voir suivre les mouvemens de la tendresse que ceux de la colère.

PLANCHE

Pl. XVI

Dessiné et Gravé par J.P.Houel.

Simulacre des instants de la génération.
chez les Eléphants.

PLANCHE XVI.

Simulacre de l'acte de la génération.

L A scène est d'autant plus intéressante dans cette reprise des accès de l'amour, qu'elle nous représente les Eléphans accessibles aux douces chaleurs du sentiment, et, par leurs positions variées, la diversité des moyens qu'ils ont de se satisfaire.

Ce fut dans la dernière décade de pluviôse an 7, que j'observai ce que je vais décrire. Hans étoit tranquille; Parkie l'approche, l'agace; elle le provoque avec sa trompe; elle se présente, non pas, il est vrai, comme on la voit ici renversée sur le dos et les jambes élevées, mais reculant jusqu'à son mâle chéri, allongeant ses jambes en avant pour baisser sa poitrine et présenter plus élevée la partie opposée. Telle on voit dans nos goutières la chatte passionnée, indiquer au matou, qui bientôt l'accolle, la route des plaisirs; telle la pauvre Parkie attend, à ses expressives sollicitations, une réponse qu'elle a la douleur de ne point voir arriver.

Cette posture de la femelle de l'Eléphant, qui pourroit servir à combattre l'opinion que l'autre posture sembloit devoir faire adopter, ne seroit-elle que l'indice d'une double manière que la nature les autorise à prendre pour arriver à ses fins? Cette double manière d'exécuter un même acte, ne concilieroit-elle pas tous les écrivains? ou devrions-nous retomber dans le doute sur le mode que suivent les Eléphans dans l'acte de leur reproduction. Faudroit-il que nous fussions

27

obligés d'attendre qu'enfin il s'établit dans les pays originaires des
Eléphans, des hommes qui étudiassent constamment leurs mœurs et
qui suivissent les femelles apprivoisées, jusque sous la feuille hospi-
talière ou dans l'antre officieux qui prête son ombre à l'union qu'elles
vont rechercher près de l'Eléphant sauvage, que par suite d'un préjugé,
l'on prétend seul habile à les féconder ? Je ne le crois pas nécessaire,
et j'aime à penser que, dans ses jeux, la nature a pu rendre deux
positions également favorables à l'acte procréateur, puisqu'elle a permis que cet acte fut sollicité par deux positions différentes, comme le
pense *Foucher-d'Obsonville;* et c'est à cette conclusion que me mènent
les provocations variées de Parkie, qui n'auroit eu besoin que d'un
mâle plus mûr, pour arriver au but où tout être est appelé par l'auteur
même de son existence.

La hardiesse avec laquelle Parkie provoquoit Hans devant moi, et
devant plus de douze personnes, au milieu desquelles elle se trouvoit avec
lui, dans la position où je l'ai dessinée sur cette planche XVI, devroit
assurément détruire cette idée propagée par tant d'écrivains (1) et qu'a
reproduite le cit. Toscan sur la pudeur des Eléphans. Que ces animaux
dans leur état sauvage aiment, ainsi que beaucoup d'autres, la soli-
tude pour se livrer paisiblement et sans risque d'être troublé, à l'acte
régénérateur ! cela peut être ; mais c'est un goût qu'ils se passent aisément de satisfaire, et quand, privés, ils sont sous les yeux des hommes,
ce goût ne l'emporte point sur l'impérieuse loi de la nature ; les témoins
alors ne les arrêtent pas, et ce serait en vain qu'on chercherait en eux
les effets de la pudeur. La pudeur ! Eh ! quelle notion d'indécence
trouveroient-ils donc à se reproduire ? Quelle seroit cette perfection

---

(1) Parmi tant d'écrivains, je ne citerai que D. Calmet, qui, dans son Dictionnaire de
la Bible, tome II, pag. 20, article Eléphant, dit : « La femelle de l'Eléphant le reçoit couchée
» sur le dos, contre le naturel des autres animaux ; et le mâle ne couvre jamais la femelle
» tandis qu'il voit quelqu'un. »

ou cette exaltation d'intelligence, qui leur feroit distinguer l'honnête
du malhonnéte dans un acte auquel les pousse invinciblement la nature. Ah! que l'homme civilisé, pour le maintien de ce que l'on appelle les mœurs publiques, pour multiplier les liens des familles, et
ne point détruire les rapports sociaux, se soit fait des loix de pudeur, j'y consens; mais que l'Eléphant soit plus scrupuleux que ne
l'est le cheval, cet utile compagnon de nos travaux; que ne l'est le
taureau vigoureux qui, sous les yeux de l'innocente pastourelle, saille
la vache qu'elle lui conduit; que l'âne qui, dans le milieu des villes,
offre à tous les regards les symptômes étonnans de sa passion qu'il
assouvit; que le chien qui, dans les rues, dispute à vingt rivaux la
proie de son amour, et long-temps laisse apercevoir la preuve de
son union; que le coq qui, voltigeant de belle en belle, chante à chaque fois sa victoire, sans que les crêtes de ses poulettes acquièrent un
rouge plus foncé; que la simple et timide colombe qui roucoule tout
haut ses amours et bat des ailes en signe du plaisir qu'elle a de se reproduire....; cela paroît une erreur. Elles seroient donc le séjour de l'im-
pudeur ces volières, où les oiseaux, ces innocentes créatures, font
d'avance, avec la mousse, le berceau qui doit recevoir leurs petits, et
de chaque bâton de leur cage, le lit de leurs amours. La mouche qui,
sur ma main, tombe enlacée à son amant et y reste émue de plaisir,
alors qu'il s'envole, auroit donc offensé la pudeur. Ah! bannissons ces
absurdes suppositions de pudeur dans les actes des animaux qui, bien
que doués d'intelligence, n'ont pas reçu le bienfait de la raison, de
cette raison, qui, par ses conseils, peut nous aider à résister à l'impulsion des sens pour des motifs qu'il n'appartient qu'aux hommes
d'apprécier et d'adopter. Et lorsque nous voyons l'art avec lequel, chez
nous-mêmes, un sexe appelle l'autre, ne soyons pas assez extravagans,
pour croire que partout où la raison n'enchaîne point les penchans les
plus naturels, l'idée de la pudeur puisse les arrêter.

PLANCHE XVII.

De l'accouchement de la femelle Eléphant.

Les tentatives que j'ai vu faire à nos deux Eléphans pour se reproduire, portent naturellement à désirer de connoître comment se termine cette intéressante reproduction, et comment se nourrissent les êtres que ces colosses enfantent; mais je ne pouvois plus parler comme témoin, il me falloit recourir à des voyageurs, et m'assurer, par les connoissances acquises sur ces animaux, de la vérité, ou du moins du plus haut degré de vraisemblance dans leurs rapports sur les faits que je désirois connoître ; c'est d'après ces rapports ainsi examinés que je vais peindre dans cette planche l'acte si important de l'accouchement, et dans les deux suivantes celui de l'allaitement.

Un dessin que m'a donné M. Foucher-d'Obsonville, qui a long-temps demeuré dans l'Inde, m'a utilement servi dans cette circonstance, J'ai gravé, d'après lui, la femelle de l'Eléphant dans le moment même où le petit Eléphant arrive aux portes de la vie; et, dans ce dessin, on reconnoîtra sans doute, ainsi que moi, l'expression naïve de la nature. On voit sortir sa trompe, sa tête et même une partie de ses jambes de devant placées au-dessous de sa machoire contre laquelle elles pressent, situation toute naturelle de la sortie du fétus ; et les formes des rides de la vulve et leur tiraillement paroissent trop justes et trop vraies pour n'avoir pas été prises sur la nature en action,

C'est

Pl. XVII.

Dessiné et Gravé par J.P.Houel.

Naissance du petit Eléphant.

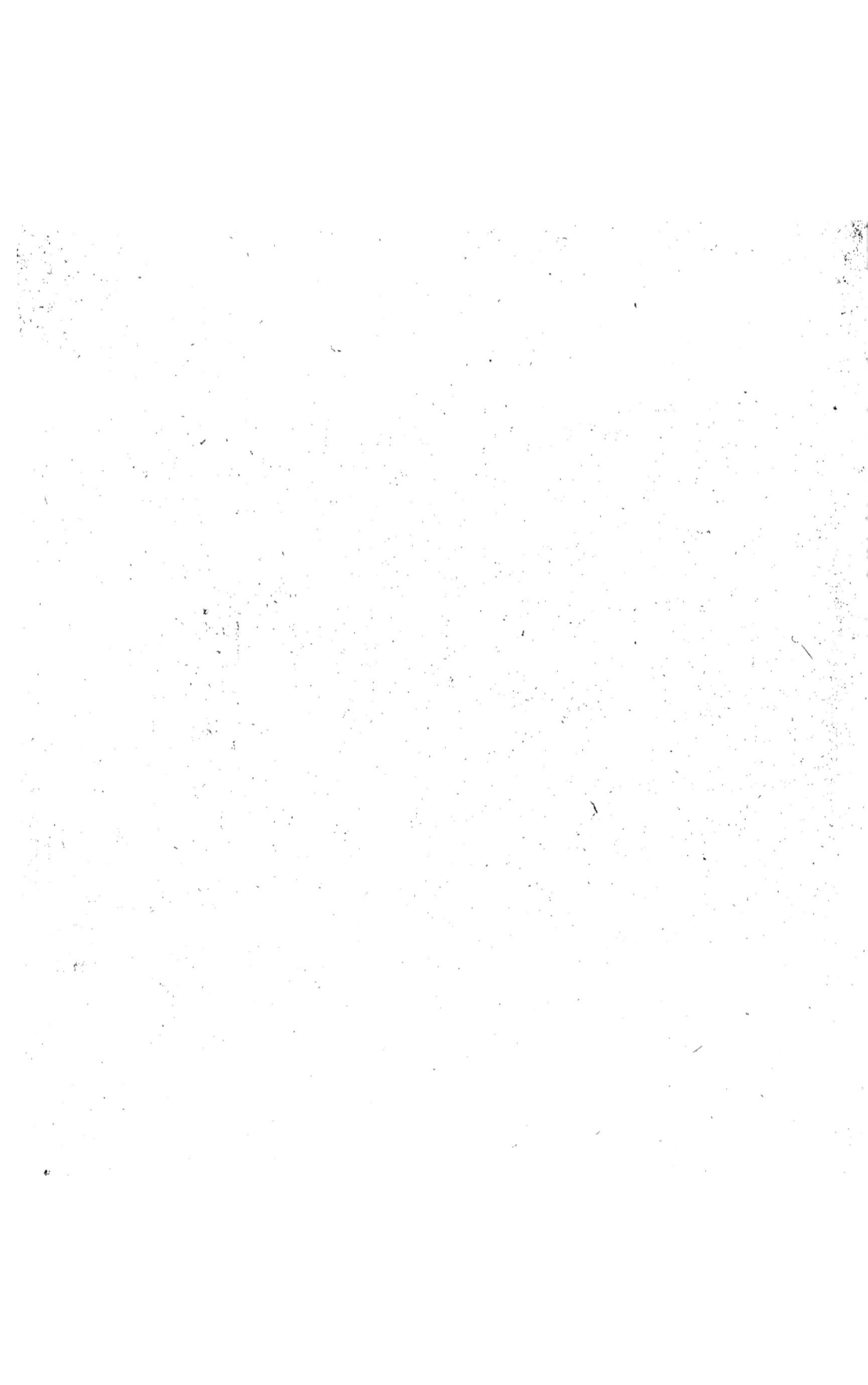

C'est après 20 mois et 18 jours, depuis l'époque de la conception, dit M. Blès anglais, et après vingt-deux mois de gestation, dit M. Levaillant, que les femelles de l'Eléphant accouchent. Dès qu'elles s'aperçoivent de l'approche de ce moment, elles amassent des feuillages secs ou frais plutôt encore, si elles en peuvent avoir, dans l'endroit solitaire qu'elles choisissent pour y déposer le fardeau que leur a confié la nature, et qu'elles ont soin de chercher près d'une source dont les eaux puissent leur servir à se baigner par suite, avec leurs petits : elles appellent, pour ainsi dire, à leur secours une ou plusieurs autres femelles, qui ne se refusent point (1) à les aider pendant le travail laborieux de l'accouchement.

Pendant cet acte pénible qu'annoncent quelques cris sourds, la femelle qui met bas est sur ses quatre pieds, telle qu'on la voit dans cette estampe XVII. Sa vulve se dirige en arrière, à-peu-près comme dans le moment des plus pressans désirs de l'amour, et elle se montre telle qu'elle est représentée pl. X, figures 1 et 8, lettres F F. Dans cette situation elle s'ouvre ensuite en tout sens et donne passage au fœtus qui présente d'abord la trompe, puis la tête, et le corps. Alors, pour lui faciliter le passage, cette mère écarte les jambes de derrière et même celles de devant, baisse beaucoup la tête, fait les efforts nécessaires à l'expulsion du fœtus, et retenant sa respiration pour gonfler sa poitrine qui presse sur les viscères du ventre, le chasse et le force de sortir.

Quand elle sent qu'il s'échappe, elle s'abaisse davantage, ploie les jambes et dépose, sur le lit de feuillages, le nouveau-né qu'elle soigne comme nous voyons les jumens soigner leurs poulains, et les vaches soigner les veaux qu'elles viennent de mettre au jour.

Pendant toute l'opération, les femelles officieuses qui assistent

___

(1) Ceci a été constamment observé parmi les Eléphans vivans en société, m'a dit M. Foucher d'Obsonville.

cette mère, s'efforcent de lui procurer quelque espèce de soulagement, en la frottant avec leurs trompes le long du ventre, en dessus, en dessous, à la tête et par derrière. Cet instrument, dont les mouvemens sont si faciles et si variés, peut encore servir en ce moment et les aider à recevoir le fœtus pour qu'il se place plus commodément sur le lit que la prévoyance maternelle lui a préparé.

Ordinairement la femelle de l'Eléphant ne porte qu'un seul petit; comme elle a deux mamelles, il se pourroit que la nature quelquefois lui en confiât deux.

Ce n'est guère qu'en état de liberté que ces animaux se reproduisent; et si des femelles captives ont cet avantage, ce n'est, m'a-t-on assuré, qu'avec des mâles sauvages qu'elles peuvent fructueusement s'unir, en vivant avec eux dans les forêts.

Cette observation qui semble devoir nous faire craindre de ne jamais voir nos Eléphans se reproduire, étoit, comme on le sent, un motif suffisant pour chercher auprès des voyageurs ce que nous ne pouvions que très-foiblement espérer de voir dans un temps au moins éloigné (1), si toutefois il devoit paroître un jour.

Observations sur les Eléphans, tirées de la Bibliothèque britannique.

Le petit Eléphant, en venant au monde, a 36 pouces, à-peu-près un mètre de hauteur.

Le sujet qu'on a particulièrement observé, a grandi, dans sa première année, de 11 pouces, et il avoit environ 3 pieds 10 à 11 pouces.

La seconde année de 8 pouces, ce qui fait. . . 4 pieds 6 à 7 pouc.

---

(1) Je dis dans un temps éloigné; nos deux commensaux du Muséum n'avoient en effet que vingt-un ans, et ce n'est guère, comme je l'ai fait observer, qu'à vingt-cinq, et dans l'état de liberté, que ces animaux commencent à se reproduire. Depuis, la mort de Hans a encore reculé nos espérances.

La troisième de 6 pouces, ce qui fait. . 5 pieds 15 pouc.

La quatrième de 5 pouces. 5   5 à 6 pouc.

La cinquième de 4 pouc. 6 lign. 5   9 pouc. et demi.

La sixième de 3 pouces et demi. 6   1 pouc.

La septième de 2 pouces et demi. . . . 6   3 pouc. et demi.

On observe une diminution graduée dans son accroissement annuel, en comparant chaque année avec la précédente.

Si l'on peut, d'après toutes ces données, former une conjecture probable, c'est que les Eléphans arrivent au terme de leur croissance de dix-huit à vingt ou trente ans.

On observe comme un caractère de jeunesse chez les Eléphans d'avoir l'épine vertébrale du dos très-courbée; en vieillissant, elle parvient à être droite et même à se creuser en contre-bas.

L'Eléphant n'a pas tant de souvenir ni d'aversion de l'esclavage, et de ses peines qu'on le croit; il ne fuit pas la captivité, de manière à n'être plus repris; et l'est-il? on le voit s'en consoler en peu de temps : tous les auteurs modernes sont d'accord sur ce point.

PLANCHE

PLANCHES XVIII ET XIX.

De la manière dont tète le petit Eléphant.

~~~~~~~~~~~~

Quoiqu'on ait pris quelquefois des femelles d'Eléphant pleines, qui ont ensuite mis bas, puis nourri leurs petits, l'indifférence ou l'inattention de ceux qui les approchoient, ne nous avoit pas permis encore, à nous Européens, d'affirmer, que c'est avec la bouche ou que c'est avec la trompe que tète le jeune Eléphant.

Avant de connoître la diversité des opinions des voyageurs et des savans sur la manière dont s'allaitent les Eléphans, je m'étois persuadé que c'étoit avec la trompe que le petit tètoit sa mère. Je voyois avec une satisfaction réelle ma conjecture confirmée par les raisonnemens du Pline moderne, qui, trouvant dans la trompe le seul sens par lequel le jeune Eléphant pût être averti de la présence de l'aliment propre à sa subsistance, et convaincu que la succion ne pouvoit pas aussi bien s'opérer par la bouche de ces animaux, que par cet instrument aspiratif, n'hésita pas à prononcer que c'étoit à l'aide de la trompe que le petit Eléphant s'approvisionnoit du lait qu'il devoit transporter ensuite dans sa bouche, prélude naturel de ce que, dans un âge plus avancé, il devoit faire pour sa nourriture comme pour ses boissons.

Ce fut, je l'avoue, une contrariété pénible pour moi, quand j'entendis des voyageurs m'assurer que c'étoit avec la bouche que cet acte

s'opéroit,

Pl. XVIII.

Dessiné et Gravé par J.P.Houel.

Allaitement du petit Eléphant.

s'opéroit, que je vis des auteurs graves consigner la même idée dans leurs écrits, et que M. Levaillant m'assura, non-seulement l'avoir observé dans quelques individus, mais l'avoir remarqué d'une manière plus particulière de la part d'un petit Eléphant dont la mère venoit d'être tuée et qu'il tétoit encore avec la bouche quoique refroidie. Mais la conviction est telle dans mon esprit, que si, planches XVIII et XIX, je présente à mes lecteurs les deux manières de téter, attribuées aux jeunes Eléphans, je ne puis résister à développer les bases sur lesquelles mon opinion spéciale repose.

D'abord je ne crois point que la bouche de l'Eléphant naissant soit susceptible d'une succion qu'il ne doit plus employer dans la suite, que la position des mamelles de sa mère devroit rendre également gênante, quand même elle s'asséyeroit sur son derrière pour la faciliter, et qui seroit presqu'impossible à raison de la position des mamelles que la bouche n'auroit point la faculté de soupçonner, et de l'interposition de la trompe qui l'en éloigneroit.

Tout, au contraire, semble favoriser mon opinion. La trompe, pourvue du double sens, du tact et de l'odorat, pendant le cours de la vie de l'Eléphant, doit porter à sa bouche la nourriture qu'il recueillera ou qu'on lui présentera, ainsi que les boissons qu'il doit prendre. Il doit en être de même pour téter : la trompe, conduite par l'odeur du lait, va naturellement en chercher le dépôt aux mamelles ; l'extrait de ces élastiques réservoirs par l'aspiration, le porte dans la cavité que l'organisation de la tête lui offre, et le déverse ensuite par la bouche au-delà de l'œsophage, comme elle doit le faire pendant toute la vie de l'animal.

Perrault n'a pas hésité de prononcer fortement que c'étoit avec la trompe que tétoit l'Eléphant. Buffon l'a pensé de même ; s'il étoit possible que ce fut une erreur, il seroit excusable pour moi de la partager avec ces deux écrivains.

Au surplus, j'ai exprimé, dans la planche XVIII, un jeune Elé-

29

phant dans la position où il devroit être , s'il tétoit avec la bouche et la planche XIX représente , au contraire , un petit Eléphant s'approchant de sa mère pour la téter à l'aide de sa trompe , tandis que le cornac s'amuse à présenter, avec sa pique , quelques morceaux de pain à la nourrice.

J'ai profité de cette position du cornac et de l'Eléphant pour exprimer une circonstance de la vie de ceux du Muséum , que j'ai eu plusieurs fois l'occasion d'observer, et qui , quoiqu'elle ne tienne point à l'objet qui nous occupe , pourra cependant intéresser. Souvent en effet, tandis que le cornac, pour bien faire voir aux personnes qui viennent visiter les Eléphans , le dessous de sa trompe et l'intérieur de la bouche de ces animaux , présente à l'un d'eux un morceau de pain ou quelques friandises au haut de sa pique , l'autre introduit sa trompe dans la poche de ce conducteur , pour y prendre des fruits ou quelqu'autre chose qu'il a eu l'attention d'y déposer à dessein. C'est ce que l'on peut observer planche XIX, la trompe de l'Eléphant à gauche est dans la poche du cornac , tandis qu'il présente à manger à celui qui est à droite.

Pl. XXI.

Dessiné et gravé par J.P.Houel.

Les Eléphants couchés et dormants.

PLANCHE XX.

Les Eléphans couchés et dormant.

J'AI déjà fait voir, planche XI, une imitation des Eléphans couchés ; je n'ai pas laissé ignorer que ma surprise en les voyant, pour la première fois dans cette position, m'avoit fait interroger le cornac, et que sur sa réponse affirmative, pour observer par moi-même ce qu'il m'assuroit, j'avois passé deux nuits dans la demeure même de nos Eléphans, à contempler un spectacle qui donnoit le démenti le plus formel aux écrivains qui avoient parlé de ces colosses et de leur état dans l'instant du sommeil.

Les dessins que j'ai déjà donnés des Eléphans couchés, n'ayant point exprimé toutes les variétés intéressantes qu'ils peuvent offrir en cet état, j'ai voulu encore ajouter une planche où je pusse les figurer.

J'ai métamorphosé en grotte leur ignoble prison, et j'ai donné à ces animaux un air de liberté qui leur convenoit au moins pendant leur sommeil.

Qui jettera un coup-d'œil sur cette planche XX, y verra Hans et Parkie tels que je les ai vus moi-même dans les nuits du 12 et du 13 messidor an VI.

Couché pour la seconde fois près de mes amis ; car leurs bonnes qualités et leur intelligence me les fit aimer ; je me réveillai à un certain bruit que je leur entendis faire, et ce bruit me suffit pour me convaincre qu'ils n'étoient point couchés; mais peu après un autre bruit me révéla leur sommeil; j'avois entendu succéder à des mouvemens assez rapides un silence profond qu'avoit précédé un énorme soupir, et qui n'étoit légèrement interrompu que par ce bruit d'aspiration et d'expiration qui fait distinguer le sommeil, de la mort. Bientôt ils ronflèrent distinctement, et leurs ronflemens prirent, comme on l'observe dans leurs cris, des modulations variées. Peut-être ces animaux jouissoient-ils de l'avantage de rêver comme nous; ce ne seroit pas une prérogative réservée uniquement à leur espèce et à la nôtre : plusieurs animaux rêvent, et pour eux, comme pour nous, souvent les rêves sont les momens les plus heureux de la vie, qui elle-même n'est qu'un songe.

Certain qu'ils dormoient, je me levai, je marchai le plus doucement qu'il me fut possible, et j'eus le plaisir de voir les Eléphans couchés de toute leur longueur, les jambes étendues et posant bien à terre; la tête reposant sur une oreille et la trompe courbée en dessous; mais quoique la lune éclairât de ses rayons l'intérieur de leur loge, sa lumière brisée de diverses manières, ne m'eût pas suffi pour terminer mes dessins, je me contentai des masses générales, et j'attendis le jour. Un nouveau bruit m'allarma; je crus que je ne pourrois pas retrouver mes Eléphans couchés, et que je perdrois ce que j'attendois de cette bonne aventure; mais ils ne firent que se retourner sur l'autre flanc, et avec cette différence qu'ils avoient l'un et l'autre la tête où, dans la précédente attitude, ils avoient la queue.

Peu après, le jour commença à paroître, et j'eus le temps suffisant pour terminer mon dessin. Il n'y avoit plus que quelques traits peu importans à y faire lorsqu'ils s'éveillèrent et se levèrent l'un après l'autre.

La manière dont les Eléphans se levent n'étoit pas moins curieuse que leur manière de se reposer. Je les observai soigneusement, et je vis leurs jambes étendues se roidir et s'appuyer plus fortement contre terre.

terre. Un élan mit leur corps sur le dos, et leurs jambes s'élevèrent de plus d'un demi-mètre de terre. Les en rapprochant ensuite avec vîtesse par un mouvement de rotation, ces colosses se trouvèrent sur le ventre, les jambes dessous, et placées de chaque côté. La tête fit un mouvement subit, et je les vis tout-à-coup comme assis sur le derrière, ayant le devant du corps levé et soutenu par les pieds antérieurs. Enfin par un troisième élan ils se placèrent de bout sur leurs quatre pieds, comme on les voit ordinairement, et dans cette attitude ils se secouèrent par un frémissement général du corps et de la peau, ce qui leur est commun avec plusieurs autres espèces d'animaux.

L'opinion de ceux qui prétendoient que l'Eléphant ne se couchoit point, est donc évidemment détruite par l'expérience ; mais à toutes les époques, à tous les âges de sa vie, qui dure plus d'un siècle, ce colosse se couche-t-il, et se lève-t-il de même ? Lorsque la vieillesse engourdit ses membres, et qu'il peut craindre qu'ils ne lui facilitent plus le moyen de se relever pour pourvoir à ses besoins, ne reste-t-il pas réellement debout, dormant en s'appuyant contre des arbres ou des rochers ? Plusieurs voyageurs le disent. Cela peut être, et même il se pourroit que, concluant d'un exemple de ce genre pour l'espèce entière des Eléphans, quelques personnes eussent attribué à tous les Eléphans ce qui n'étoit particulier qu'à leurs vieillards. Mais il est vraisemblable que ce n'est qu'après avoir éprouvé nombre de fois des difficultés et des douleurs à se relever, que les vieux Eléphans, avertis par ces leçons de la nature, se privent d'une des jouissances de leur vie entière, pour ne pas s'exposer à la privation de beaucoup d'autres choses qui ne tiennent pas seulement aux douceurs mais encore aux besoins de la vie.

Grâces soient rendues au temps qui nous a révélé les secrets des habitudes et des mœurs du plus grand des quadrupèdes, en le conduisant dans nos contrées ; qui m'a permis de mettre au jour cette série fidèle de révélations qu'il m'a faites, et qui a guidé mon burin

30

pour lui faire reproduire, dans des images exactes, les preuves diverses de l'intelligence, de l'adresse et des manières d'être curieuses
d'un colosse animé, peu connu jusqu'à nos jours dans nos climats.

Espérons que bientôt il nous permettra de même, de publier, dans
la suite de cet ouvrage, ce qui doit compléter son histoire.

Un regret cependant vient se mêler aux accens de la gratitude ;
pourquoi le temps qui m'a laissé étudier tous les mouvemens, toutes
les passions, toutes les habitudes de Hans et de Parkie, n'a-t-il pas
permis à Hans de survivre à la description que j'en ai faite ? Il est
mort (1) le 16 nivôse an 10 (6 janvier 1801), et la douleur de sa perte

(1) Le 16 nivôse an 10, Hans est mort d'une inflammation de poitrine.
Le savant Cuvier en a fait la dissection, et l'on ne peut douter que l'ouvrage qu'il a
publié et où il en a décrit avec soin tous les résultats, ne soit un monument précieux pour
l'histoire de l'anatomie comparée.

La mort de cet Éléphant donna lieu aux rapprochemens que fit *le Publiciste* dans sa feuille
du 15 floréal an 10, et je vais les citer d'après lui presque textuellement.

« L'Éléphant qui mourut à la ménagerie en septembre 1782, étoit âgé de 11 ans. Sa mort
fut un grand événement dans le monde savant : elle fut annoncée avec éclat dans les journaux.
Ce sera, dit un journaliste, une époque séculaire qui sera consignée dans les fastes de l'histoire naturelle, et le cénotaphe que l'on élève à cet animal majestueux, transmettra sa mémoire
à la postérité la plus reculée.

Cet événement rappela, dans le même temps, la mort de l'Éléphant de Louis XIV, en 1681 ;
ses funérailles furent pompeuses par une suite de la magnificence du roi, de son goût pour
les sciences et les arts, et de son attention à saisir toutes les occasions qui pouvoient éclairer
son siècle et illustrer son règne.

A peine l'Éléphant eût-il rendu les derniers soupirs, qu'un courier fut expédié pour en in-
former l'Académie des Sciences, et lui porter l'ordre de se rendre en corps à Versailles. Elle s'y
rendit avec un arsenal complet de physique et d'anatomie.

On avoit élevé dans une grande pièce un théâtre en forme de catafalque, sur lequel l'Éléphant
fut exposé, pour ainsi dire, avec le luxe asiatique et le culte que les Indiens rendent à ces animaux. Les appareils furent préparés avec magnificence et avec soin, afin que les miasmes
infects n'altérassent point la salubrité de l'air du lieu où se passoit la scène, et dont le roi vouloit lui-même être témoin. Duverney, Perrault et de la Hire, noms célèbres dans les sciences,
furent les principaux acteurs ; les autres associés remplirent les fonctions d'assesseurs et
d'adjudans.

à tellement affecté sa compagne, que l'on a craint pendant quelque temps qu'elle ne lui survécût pas. Mais gardons-nous de calomnier le temps, cette divinité bienfaisante ; la mort de Hans ne fut peut-être qu'un

Les embaumemens de ces rois d'Égypte qui reposent sous ces éternelles pyramides, ne se passèrent pas avec plus de pompe et d'éclat.

Lorsque les entrailles eurent été examinées, décrites et dessinées, on les enleva de la salle anatomique ; alors Duverney se plaça dans le coffre de l'Éléphant pour opérer plus à son aise ; ce fut dans ce moment que Louis XIV entra pour satisfaire sa curiosité, et pour inspirer de l'émulation aux académiciens. Le roi ne voyant point l'opérateur, dit : *où est donc l'anatomiste ?* Dans l'instant Duverney, le scalpel à la main, sortit du ventre de l'animal comme d'une caverne, pour répondre à sa majesté, et la remercier de son attention. Ce ne fut pas la scène la moins piquante de la représentation.

L'histoire de cette célèbre dissection est décrite dans les mémoires de l'Académie des Sciences. L'Éléphant qui en fit le sujet datoit de la naissance de l'Académie ; c'étoit une femelle, née à Congo, en 1664, donnée à Louis XIV par Pierre II, roi de Portugal, en 1668, et morte en janvier 1681, âgée de dix-sept ans.

On croit que l'Éléphant mort en 1782, étoit un de ceux qui avoient été exposés à la foire aux regards des curieux ; on l'avoit acheté 3000 livres, six ou sept ans avant pour la ménagerie. Sa douceur et son intelligence lui avoient mérité l'attention et l'attachement du roi, et un traitement conforme à ses inclinations et à ses besoins ; cependant il a péri par imprudence, en voulant boire ou plutôt se baigner dans un des canaux du parc. Il faut donc qu'une infinité de circonstances se soient réunies pour précipiter la mort de cet Éléphant, car cet animal paroît être à l'abri de la submersion par sa masse, et de la suffocation par le jeu de sa trompe qu'il peut porter fort haut au-dessus de la surface de l'eau pour respirer ; mais il n'a pu tirer parti de ces avantages ; après avoir lutté long-temps contre la mort, il s'est noyé.

Aussi-tôt que l'Éléphant eût été envoyé au jardin du roi, M. Daubenton le jeune, alors garde du cabinet, et M. Mertrude, démonstrateur royal d'anatomie, s'empressèrent de prendre toutes les mesures nécessaires pour fixer invariablement les points les plus importans de l'histoire naturelle de l'Éléphant, tant des parties extérieures qu'intérieures.

Le poids total a été évalué à près de cinq milliers ; sa peau seule pesoit plus de sept cents livres, et sa tête séparée environ cinq cents livres ; quoiqu'elle ne fût pas chargée de grosses défenses.

Comme l'Éléphant mort en 1681 a procuré un superbe morceau d'ostéologie, on n'a eu en vue, dans la préparation anatomique de ce dernier, que de vérifier tous les faits. »

Près de cette notice du poids des différentes parties de l'Éléphant mort en 1782, on sera bien aise, sans doute, de trouver celle du poids et des dimensions des parties de Hans. Sa peau pesoit 284 hectogrammes, 85 centièmes (582 livres) ; sa cuisse enlevée du corps avec

moyen qu'elle employa pour nous procurer des connoissances dont sa vie nous eût privés trop long-temps ; et comptons qu'elle saura nous en dédommager un jour.

---

toutes les chairs pesoit 176 hectogrammes , 18 centièmes (360 livres) ; la jambe de devant pesoit 137 hectogrammes, 2 centièmes (280 livres) ; le foie pesoit 23 hectogrammes (47 livres); le cœur pesoit 22 hectogrammes , 3 centièmes (45 livres); son membre génital avec ses cuisses pesoit 62 hectogrammes , 15 centièmes (127 livres) ; enfin l'animal entier , y compris sa peau , pesoit 2691 hectogrammes , 70 centièmes (5500 livres).

J'ai pensé que l'on seroit curieux de connoître les degrés de l'accroissement de Parkie , depuis l'époque de la mort de Hans ; pour satisfaire à cette juste curiosité , je l'ai mesurée le 15 floréal de cette année , et voici ses dimensions comparées avec celles de Hans au moment de sa mort.

De terre jusqu'au garot ; { Hans (7 pieds 5 p.) 2 mètres, 4 décimètres, 8 millimètres.
{ Parkie (7 p. 7 p.) 2 mètres, 4 décimètres, 6 centimètres, 2 millimètres.

De terre au-dessous du { Hans (1 pied 6 pouces) 4 décimètres, 8 centimètres, 7 millimètres.
ventre ; { Parkie (2 p. 10 p.) 9 décimètres, 1 centimètre, 9 millimètres.

De la naissance de la queue au- { Hans (7 p.) 2 mètres, 2 décim., 7 centimètres, 3 millim.
devant des épaules ; { Parkie (6 p. 10 p.) 2 mètres, 2 décim., 1 centim., 9 millim.

Du dessus de la tête, en passant par l'œil { Hans (3 p. 2 p.) 1 mètre, 2 centim., 8 millim.
jusqu'au dessous de la mâchoire ; { Parkie (2 p. 3 p.) 7 décimètres, 3 cent.

De l'occiput à l'extrémité de la trompe ; { Hans (7 p. 6 p.) 2 mètres, 4 décim., 3 centim., 5 millim.

Je voulois aussi comparer la queue , mais le cornac m'a fait observer que celle de Parkie étoit plus courte de 5 centimètres 4 millimètres , à 8 centimètres 1 millimètre (3 à 4 pouces) qu'elle ne devroit l'être , parce que Hans , dans ses transports d'amour, la lui avoit plus d'une fois rongée.

FIN

TABLE

DES MATIERES

Contenues dans ce Volume.

Fin de la Table des Matières.

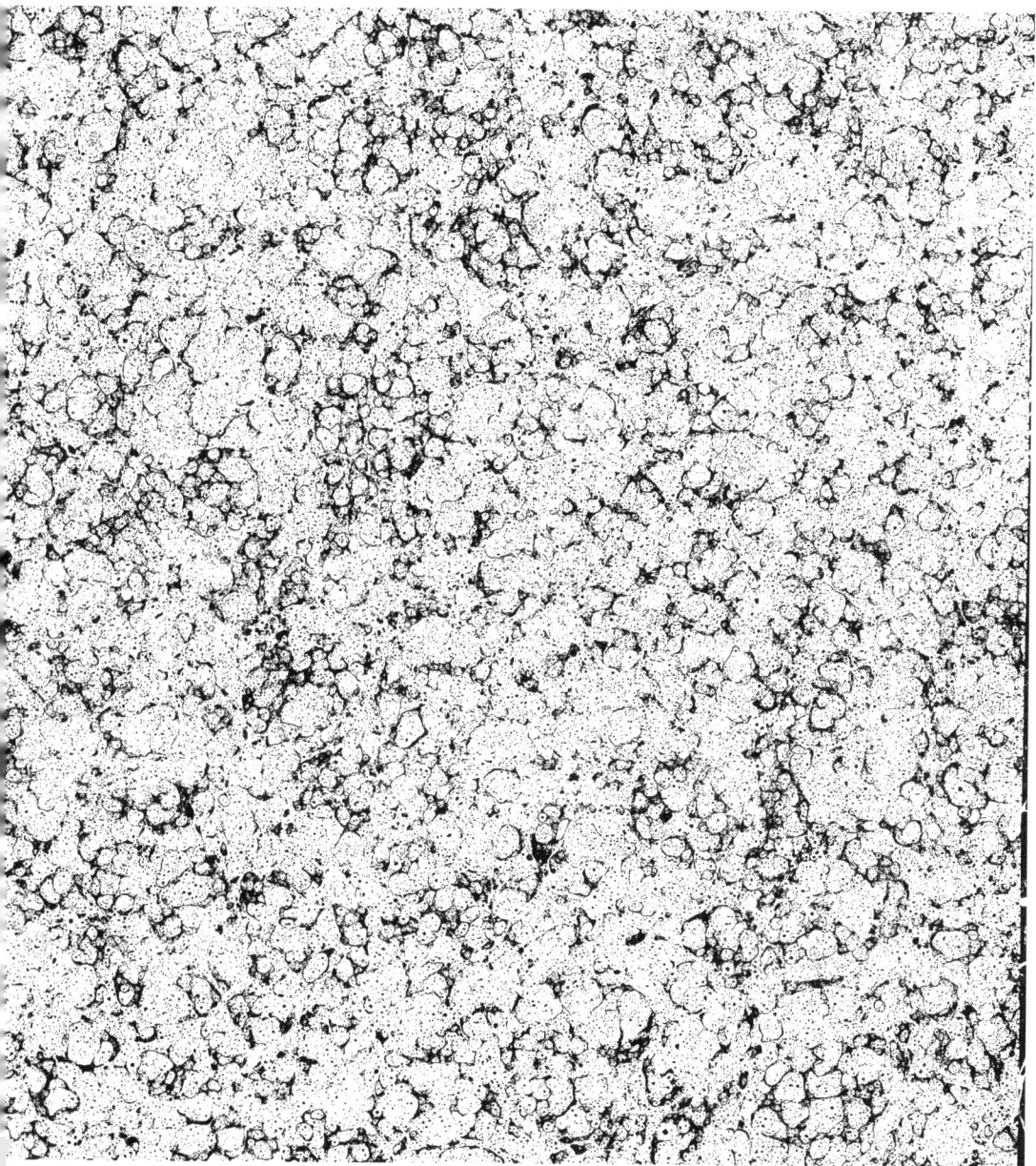

www.ingramcontent.com/pod-product-compliance
Lightning Source LLC
Chambersburg PA
CBHW072018080426
42733CB00010B/1747